美丽乡村与乡村旅游
协同发展研究

李晓琴 等 著

科学出版社

北京

内 容 简 介

在新时代乡村振兴背景下，乡村旅游发展是推动美丽乡村建设的重要抓手，是促进农村现代化的重要手段；美丽乡村建设能够助力乡村旅游全面发展与转型升级，更好地满足消费者需求。二者具有先天性的内在联系。但在理论与实践中，当前对二者相互关系的认识还处于探索阶段。本书从乡村旅游发展与美丽乡村建设角度对乡村振兴战略行动的响应，相互内在联系，"协调度"评价，障碍因子诊断，协同发展路径等方面回答了二者协同发展的一系列重大问题。

本书可供普通高等院校的旅游与城乡规划、生态旅游等学院的师生，以及乡村旅游、乡村治理相关的政府管理部门和科研院所的工作人员使用。

图书在版编目(CIP)数据

美丽乡村与乡村旅游协同发展研究 / 李晓琴等著. —北京：科学出版社，
2023.10
　ISBN 978-7-03-075331-1

Ⅰ.①美…　Ⅱ.①李…　Ⅲ.①乡村旅游–旅游业发展–研究–中国　Ⅳ.①F592.7

中国国家版本馆 CIP 数据核字 (2023) 第 056690 号

责任编辑：陈丽华／责任校对：彭　映
责任印制：罗　科／封面设计：墨创文化

科 学 出 版 社 出版
北京东黄城根北街16号
邮政编码：100717
http://www.sciencep.com

成都锦瑞印刷有限责任公司 印刷
科学出版社发行　各地新华书店经销

*

2023 年 10 月第　一　版　开本：B5 (720×1000)
2023 年 10 月第一次印刷　印张：8
字数：162 000

定价：89.00 元
(如有印装质量问题，我社负责调换)

本书作者名单

李晓琴　银　元　何成军

作 者 简 介

李晓琴，女，江西吉安人，成都理工大学旅游与城乡规划学院教授、博士，四川省高校旅游管理类专业教学指导委员，中组部"西部之光"访问学者，日本立教大学观光学部高级访问学者。主要研究方向：乡村旅游与乡村振兴、低碳旅游与可持续发展。曾荣获四川省第八届高等教育教学成果奖一等奖、四川省第十六次社会科学优秀成果奖三等奖。近5年来，主持国家社会科学基金2项、四川省哲学社会科学研究项目3项、四川省教育厅项目10项。出版专著5部：《生态康养旅游理论、方法与实践》《四川省旅游扶贫模式创新与实践研究》《低碳旅游景区评价指标体系及发展模式研究》《温泉体验旅游策划与规划——理论、方法与实践》《地质公园旅游开发与管理》。出版教材1部：《旅游规划与开发》。在《旅游学刊》《人文地理》《光明日报》《西南民族大学学报》《农村经济》《山地学报》等报刊发表论文50余篇。在全国率先开展了低碳旅游景区评价指标体系与开发模式研究，牵头制定了全国首个《低碳旅游景区标准》（DB510800/T052—2017）。

银元，男，四川遂宁人，中共中央党校（国家行政学院）助理研究员，博士。主要研究方向：旅游经济、乡村旅游和红色旅游。近5年，主持国家社会科学基金青年项目1项，"万名旅游英才计划"研究型英才培养项目1项，主研国家社会科学基金重点项目1项、国家社会科学基金西部项目2项、中央组织部重点委托课题2项。曾荣获四川省第十六次社会科学优秀成果奖三等奖，全国党校系统第十届优秀科研成果奖二等奖、第十一届优秀决策咨询成果奖三等奖。出版专著《乡村旅游合作社发展与建设研究》。在《农村经济》《行政管理改革》《国家行政学院学报》等发表论文30余篇。担任《中国旅游报》特约评论员，发表专业评论90余篇。围绕民族地区文化旅游发展、乡村旅游等主题撰写的多篇决策咨询建议被内参采用，获得省部级领导的批示与肯定。

何成军，男，四川南充人，四川城市职业学院副教授，国家文化和旅游部万名旅游英才项目和大学生团队实践项目指导老师。主要研究方向：乡村旅游与乡村振兴。近5年来，主持教育部人文社科项目1项、文化和旅游部年度项目3项、四川省文化和旅游厅重点项目1项、四川省教育厅年度项目4项，主研国家社会科学基金青年项目1项、国家社会科学基金西部项目1项。曾荣获四川省教师教学能力大赛三等奖、眉山市第十七次哲学社会科学优秀成果奖一等奖、眉山市第十五次哲学社会科学优秀成果奖二等奖。在《地域研究与开发》《四川师范大学学报(社会科学版)》《统计与决策》等期刊发表刊物20余篇。负责的两项乡村公益帮扶行动分别入选2022年和2023年国家教育部社区教育"能者为师"典型案例。

前　言

乡村旅游发展与美丽乡村建设是事关乡村现代化发展的重要工作。随着乡村振兴战略的提出和实施,各地在乡村振兴实践探索中,常常将两者同步规划、协调推进。2018年,《中共中央　国务院关于实施乡村振兴战略的意见》明确提出实施休闲农业和乡村旅游精品工程、持续推进宜居宜业的美丽乡村建设,乡村旅游发展与美丽乡村建设共同成为实施乡村振兴战略的工作抓手和重要载体。就本质而言,乡村旅游发展与美丽乡村建设分属乡村产业发展和人居环境建设两大范畴,虽然随着二者发展内涵与外延的拓展,二者协同发展的趋势越来越明显,但是在实践探索中,乡村旅游发展与美丽乡村建设的"两张皮"问题仍未得到根本解决。"两张皮"问题的产生,既有认识层面上对二者相互关系认识不足的原因,又有操作层面上对二者协同发展路径把握不清的原因。在实施乡村振兴战略背景下,急需从理论和实践上找准乡村旅游发展与美丽乡村建设的有机结合点,厘清二者的交汇点、融合点、阻碍点及路径,实现二者协同发展,助推乡村现代化建设。

在对河北、江苏、陕西、四川、云南等地乡村旅游发展和美丽乡村建设调研的基础上,本书从乡村旅游升级转型和美丽乡村建设的必要性和紧迫性入手,系统梳理和归纳了乡村旅游发展、美丽乡村建设与乡村振兴战略的内在联系和行动响应;借用系统动力学和推拉理论,探讨乡村旅游与美丽乡村建设之间的内在联系;根据乡村旅游发展与美丽乡村建设的互动关系和协调发展机制,从经济、社会、文化、环境、管理五个方面构建乡村旅游发展与美丽乡村建设"协调度"评价指标体系及评价模型;采用逼近理想解排序法(technique for order preference by similarity to ideal solution,TOPSIS)和障碍度模型,对二者协调度进行评价和障碍因子诊断。最后,通过障碍因子诊断,揭示二者协调发展存在的问题,找到乡村旅游与美丽乡村建设的协同发展路径。

在研究内容上,本书以乡村旅游发展与美丽乡村建设协调度作为评价标准,克服了现有乡村旅游发展与美丽乡村建设二者关系研究中思路不清晰、评价标准不统一的缺点。紧抓"乡村旅游发展与美丽乡村建设协调度评价与障碍因子诊断"这一关键问题,基于乡村振兴发展的多重目标,构建二者关系的理论架构,找到影响二者协调发展的关键因素,并从产业、功能、环境、文化、管理"五位一体"提出协同发展路径,这具有坚实的理论基础和翔实可靠的实证支持,可信度较高。

在研究视角上,更加注重社区居民。本书提出乡村旅游与美丽乡村协同发展中应更加注重"人"的协同，即以"农民"为核心，关注农民与村干部、涉农企业、政府部门等相关利益者，并以"如何提高农民参与度、就业质量、综合素质，改善人居环境，保持乡土文化，加强协作管理，均衡利益分享"等方面为发力点。这在一定程度上聚焦了乡村旅游发展与美丽乡村建设中最为复杂的因素——社区居民个体特征及其心理特质，从而构建了协调度评价指标体系和实证测度模型，创立了乡村旅游发展与美丽乡村建设协调度评价与障碍因子诊断的定性剖析框架和定量测度范式。

在研究方法、对象和方向上，本书注重横向比较与纵向比较研究相结合，调查地域不仅考虑了各地乡村振兴典型村，还考虑了通过旅游使脱贫效果显著的新村，同时兼顾了西部地区、东部地区。调查的重点对象是乡村社区居民，兼顾游客、乡镇干部、企业、专家等利益相关者。

综合来看，本书厘清了乡村旅游发展与美丽乡村建设协同发展的互动机制和评价体系，并通过协同度的研究，精准找到影响二者协调发展的阻碍因子；同时，立足实践导向，为二者协同发展提出了可行的路径，并针对案例研究，专门提出了发展路径建议。全书由成都理工大学李晓琴教授搭建框架、拟定提纲、统稿、审稿，并撰写第 1 章、第 3 章、第 8 章；中共中央党校(国家行政学院)银元博士撰写第 2 章、第 6 章；四川城市职业学院何成军副教授撰写第 4 章、第 5 章、第 7 章。

本书选用的案例，除注明的外，均由研究团队调研整理获得。本书借鉴和引用了国内外有关专家、研究机构、政府部门的研究成果和案例材料，这些成果为本书的撰写提供了有力的指导和切实的帮助，在此表示衷心感谢。本书可能还存在一些不足之处，敬请各界专家批评指正！

目　　录

第1章 绪 论

1.1 研究背景

乡村旅游发展与美丽乡村建设本身是两大不同的范畴，是乡村地区产业发展和人居环境建设的复合系统，随着两者发展内涵与外延的拓展，特别是2018年的《中共中央 国务院关于实施乡村振兴战略的意见》，其就实施乡村振兴战略进行了全面部署，明确提出实施休闲农业和乡村旅游精品工程、持续推进宜居宜业的美丽乡村建设[①]的要求，乡村旅游发展与美丽乡村建设共同成为实施乡村振兴战略的工作抓手和重要载体。在各地的乡村振兴实践探索中，常常将二者同步规划、协调推进，乡村旅游发展与美丽乡村建设逐步统一到乡村振兴战略实施中，共同为推进乡村现代化贡献力量。

乡村旅游是最具中国特色的旅游发展模式，乡村旅游的发展必须依托和依靠乡村空间，这就对乡村的基础设施、社会经济、生态环境、文化氛围等提出了更高要求，在这一背景下，以促进农业生产发展、人居环境改善、生态文化传承、文明新风培育为目标的"美丽乡村"建设，自然成为乡村旅游发展新的着力点和平台。然而，乡村旅游发展与美丽乡村建设的"两张皮"是乡村振兴战略实施的现实制约。"两张皮"问题的产生，既有认识层面上对二者相互关系认识不足的原因，又有操作层面上对二者协同发展路径把握不清的原因。

我国社会的主要矛盾已经转化为人民日益增长的美好生活需要和不平衡不充分的发展之间的矛盾，这一矛盾在乡村表现最为突出，因此要解决这一矛盾，最艰巨最繁重的任务就落在了乡村，与此同时，最广泛最深厚的基础恰恰在乡村，最大的潜力和后劲也在乡村。因此，实施乡村振兴战略，成为解决新时代我国社会主要矛盾的必然要求，将全面带动乡村地区产业兴旺、生态宜居、乡风文明、治理有效、生活富裕，乡村旅游是助推乡村产业、文化、生态、组织和人才全方位振兴的有效途径(毛峰，2019)，同时也是推进美丽乡村建设的关键力量。

这就需要在厘清乡村旅游与美丽乡村建设互动关系的基础上，对照乡村振兴总体要求，实现协同发展，助推乡村现代化建设。因此，从理论和实践上实现乡村旅游发展与美丽乡村建设的有机结合，厘清二者的交汇点、融合点、阻碍点及路径是极具理论价值和现实意义的。

---

① 中华人民共和国中央人民政府. 中共中央 国务院关于实施乡村振兴战略的意见[EB/OL]. [2018-02-04]. http://www.gov.cn/zhengce/2018-02/04/content_5263807.htm.

1.2　研　究　现　状

1.2.1　国内外关于乡村旅游的研究

乡村旅游起源于欧洲，国外乡村旅游研究首先是从经济学的角度入手。20 世纪 60～70 年代，国外乡村旅游研究主要关注农业旅游方面，研究重点为乡村旅游对乡村经济发展和就业的影响；20 世纪 80 年代以后，乡村旅游的研究扩展到了发展中国家，农业和农民仍然是乡村旅游关注的中心，而研究内容扩展到了乡村旅游对当地经济社会的影响、旅游规划、旅游地居民对待旅游的态度、旅游与农业的联系等方面，以及旅游人类学、旅游规划等方面。具体来看，国外乡村旅游的研究包括乡村旅游经济研究、乡村旅游吸引因素研究、乡村旅游的社区参与研究、乡村旅游的社会影响研究、利益相关者研究、旅游可持续发展研究等内容。国外的乡村旅游研究虽然起步较早，但仍存在轻理论、重实际的情况，没有形成公认的乡村旅游理论体系(申葆嘉，1996)。

与国外相比，我国乡村旅游发展起步较晚，真正意义上的乡村旅游兴起于 20 世纪 80 年代，并很快形成超速发展的态势(戴斌　等，2006)。20 世纪 80 年代中后期开始，一些著名旅游景区的周边乡村开始发展乡村旅游，其中以城郊农民自发的具有副业性质的"农家乐"为主要形式。20 世纪 90 年代开始，在国家政策扶持和旅游需求的推动下，乡村旅游逐渐发展壮大。进入 21 世纪以后，以国家旅游局确定 2006 年为"中国乡村旅游年"为标志，特别是中央一号文件从 2014 年开始连续 4 年持续关注和重视发展乡村旅游，乡村旅游在全国范围内迅速发展，并成为国内旅游的主战场。随着乡村旅游的迅猛发展，乡村旅游研究也得到了学术界的关注和重视，并成为旅游研究的热点。国内学者研究乡村旅游的内容主要涉及乡村旅游的概念、内涵与发展对策(刘德谦，2006；李甜，2018；李琪，2019)，乡村旅游资源利用与规划开发(石培基和张胜武，2007；宋瑞，2017；赵希勇　等，2019)，乡村旅游发展模式(王云才，2006；吴必虎和伍佳，2007；毕兰，2019)，乡村旅游的社区参与(王琼英，2006；杜宗斌和苏勤，2011；杨莹和孙九霞，2021)，乡村旅游的客源市场和行为模式分析(邹统钎，2008；白凯，2010；陶玉霞，2015)，乡村旅游可持续发展(何景明，2006；徐孝勇　等，2010；刘永富，2015；张行发和王庆生，2020)等方面。还有少量研究涉及乡村旅游的效应、利益相关者、地理空间结构、产业转型升级等(卢小丽　等，2017；郑辽吉，2018)。

1.2.2　国内外关于美丽乡村的研究

乡村建设与发展是一个世界性、长期性的话题，从 20 世纪 30 年代开始，一些发达国家对传统农业进行了全面技术改造，完成了从传统农业向现代农业的转变，提出了诸如日本"造村运动"、韩国"新村运动"、德国"村庄更新"、荷兰"农地整理"等不同乡村发展模式和路径(朴振焕，2005)。国外学者对乡村建设发展的研究，主要是基于刘易斯二元经济理论、赫尔希曼为代表的不平衡发展理论、托达罗人口流动模型、舒尔茨等人的人力资本理论等经典理论进行论述和研究(Krugman，1999；Czarnitzki and Spielkamp，2000；Wolfl and Anita，2005)，客观上存在一般性介绍理论的资料多，综合全面的资料少，资料缺乏深度和广度的现象。

从国内研究看，美丽乡村建设的研究具有明显的政策导向和实践特色。党的十八大报告提出"努力建设美丽中国"，2013 年中央一号文件第一次提出建设美丽乡村的奋斗目标，农业部正式启动了以促进农业生产发展、人居环境改善、生态文化传承、文明新风培育为目标的"美丽乡村"建设行动。美丽乡村建设成为建设美丽中国的具体实践，是建设社会主义新农村的延续和提升。具体来看，关于美丽乡村建设的研究主要集中在两个方面：一是美丽乡村提出背景、理论框架、内涵、标准体系等理论探讨(柳兰芳，2013；郑杭生和张本效，2013；王卫星，2014；何得桂，2014；于法稳和李萍，2014；郑向群和陈明 2015；刘彦随和周扬，2015；韩喜平和孙贺，2016；王景新和支晓娟，2018)；二是基于各地实践(案例)，特别是浙江安吉等地的美丽乡村发展现状分析、模式归纳、路径对策研究等(和沁，2013；黄杉　等，2013；吴理财和吴孔凡，2014；周琼和曾玉荣，2014；陈培培和张敏，2015；庄晋财和王春燕，2016；沈费伟和肖泽干，2017；陈秋红，2017；刘长江，2019；张力　等，2019；刘伟斌和连镇锋，2019)，这一类研究是美丽乡村研究的主流，数量占总文献的 60%以上。反映出当前美丽乡村研究有一定理论深度的成果少、案例地区集中、案例分析方法及研究视角还比较单一的问题。

1.2.3　国内外关于乡村旅游与美丽乡村互动关系的研究

国外的相关研究主要集中于农业旅游及旅游与农业的相互影响研究。从国内研究看，乡村旅游与美丽乡村互动关系的研究始于乡村旅游与新农村建设的研究，总体上可分为以下两个阶段。

第一阶段(2005~2012 年)：乡村旅游与新农村建设的互动关系研究。2005 年，中共十六届五中全会提出新农村建设要求，新农村建设被认为是乡村旅游升级发展的重要契机和机遇，相应的研究成果也在 2005 年后集中涌现，并成为我国乡村旅游研究领域的一大特色，其研究内容包括乡村旅游与新农村建设的互动关系、机制、促进作用、模式及路径研究(李德明和程久苗，2005；李庆雷　等，2007；林德荣和潘倩，2009)，基于新农村建设的乡村旅游发展对策(苏勇军，2006；周杰和袁春振，2008)以及两者协调发展思路、指标体系、协调度评价研究等(窦志萍，2007；卢宏，2012）。研究方法主要有理论研究、综述研究和实证研究等方法。总体上看，新农村建设与乡村旅游升级发展研究还处于初级阶段，对现象（实例）的描述和归纳多于基础理论探讨，但这一阶段的研究，使得乡村旅游发展如何与"三农"政策契合的问题成为学界和业界共同关注的热点，也为乡村旅游与美丽乡村互动关系研究提供了坚实基础。

第二阶段（2013 年至今）：乡村旅游与美丽乡村互动关系研究。2015 年、2016 年的中央一号文件均指出建设美丽乡村的路径是发展乡村旅游产业。这从政策层面明确了发展乡村旅游是建设美丽乡村的重要举措。从已有研究看，关于乡村旅游与美丽乡村建设的研究主要集中在两个方面：一是乡村旅游与美丽乡村建设的关系。相关研究普遍认为乡村旅游同美丽乡村建设更具紧密性、互动性、协调性和共享性，具有较强的时空耦合性（李文峰和姜佳将，2014），乡村旅游与美丽乡村具有天然的契合性，乡村旅游发展所具有的环境优化功能、经济发展功能、文化交流功能、精神文明建设功能等与美丽乡村建设目标契合（刘赟和朱梦梦，2015）；同时，乡村旅游与美丽乡村建设是相互促进的正向关系，发展乡村旅游是促进美丽乡村建设的有效途径（沈启旺，2013），美丽乡村建设为乡村旅游提供了可持续发展的思路（张渊博，2014），美丽乡村是乡村旅游业的重要载体，乡村旅游则是美丽乡村建设的重要抓手（李创新，2016）。二是美丽乡村建设背景下的乡村旅游发展对策研究。随着美丽乡村建设的深入，特别是浙江安吉、桐庐、永嘉，江苏江宁、高淳等地在美丽乡村建设中对乡村旅游转型升级发展的探索实践，让学者认识到乡村旅游在发展过程中出现的经济"飞地化"、乡村旅游资源"公地悲剧"、乡村旅游环境外部不经济性等问题与美丽乡村建设的目标有一定偏离（王辉，2009），需要加强对美丽乡村背景下乡村旅游发展存在的问题开展对策性研究。这类研究比较多，主要是在美丽乡村建设背景下，就当前乡村旅游在规划设计、资源品位、产品特色、市场开拓、管理服务、人才培养、投资融资等方面的不足进行归纳，并结合各地实际提出相应的对策建议。

1.2.4　国内外关于乡村振兴战略与乡村旅游及美丽乡村建设关系的研究

国外对乡村振兴的研究较多，主要集中在乡村景观评价、农村基层领导对乡村振兴的影响评价（Onitsuka and Hoshino，2018）和乡村振兴发展路径（Ali et al.，2018）。国外关于乡村旅游与乡村振兴耦合关系的研究内容较为全面，研究较为深入。研究成果表明乡村旅游能够推动经济可持续发展（Nygrem and Nyhlén，2017）以及从人口角度阐明乡村旅游对振兴乡村发挥的巨大作用（Marcesse and Thibaud，2018）。

从国内看，自 2017 年我国提出乡村振兴战略以来，大量学者就此展开研究，但都是将其作为乡村地区研究的政策背景，真正关于乡村振兴战略实施的研究不多，主要集中在乡村振兴内涵(廖彩荣和陈美球，2017；王亚华和苏毅清，2017；姜长云，2017；贺雪峰，2018；郭晓鸣 等，2018；陈龙，2018；黄祖辉，2018；陆林 等，2019)、乡村振兴发展路径(李忠斌和陈剑，2018；袁彪，2018；魏后凯，2018；唐任伍，2018；陈龙，2018)、金融业对乡村振兴的影响(陈放，2018；蔡兴 等，2019)等方面。

从乡村振兴战略与乡村旅游及美丽乡村建设关系研究来看，主要有：①乡村旅游服务乡村振兴。乡村旅游发展如何融合乡村振兴战略，服务乡村振兴发展的研究甚少，为数不多的研究成果主要从二者耦合机制(李志龙，2019；庞艳华，2019；马小琴，2019；聂学东，2019；信慧娟 等，2019)、互动关系(林铧，2018；陈荣；2018；李笑颖和黄蔚艳，2019)、协同发展(闫淑玲，2017；王宁，2019；郭景福和赵奥，2019)等方面探求发展路径。②乡村振兴助力美丽乡村建设。乡村振兴助力美丽乡村建设的研究，主要集中在二者互动关系(魏玉栋，2018；付洪良，2019)、协同发展(王超和吕剑平，2020)以及乡村振兴战略指导下美丽乡村的规划建设(王景新和支晓娟，2018；侯子峰，2019)、美丽乡村发展对策(梁爱文，2018；张月昕，2018；刘长江，2019)、美丽乡村发展模式(彭建华 等，2018)和发展评价(李婷 等，2019)等方面。对于乡村振兴战略与乡村旅游及美丽乡村建设三者相互关系的研究比较少见，主要集中在耦合关系(王昌森 等，2019；赵磊和殷菲，2019)的研究上。

1.2.5　研究评价

乡村旅游与美丽乡村建设的研究中虽已较为广泛地探讨了美丽乡村视域下的乡村旅游发展问题，但在相关研究中，存在明显的"两张皮"现象。首先，在乡村旅游发展与美丽乡村建设的关系上，只是简单地对二者的关系进行了定性研究，对于新时期新形势背景下，乡村旅游转型发展与美丽乡村建设的契合点在哪里，二者内在的协调发展机制是什么，协同发展路径是什么，二者的影响及作用机理是什么等根本性问题缺乏研究，在一定程度上导致对策性研究的表面化和单一化。

其次，在对策性研究方面，虽然有学者提出美丽乡村建设和乡村旅游开发是一项庞大的系统工程，牵涉面广、涉及部门多、建设任务重且耗资巨大，但大多数研究归纳的问题，提出的对策都是就乡村旅游而谈乡村旅游，只把美丽乡村建设作为一个政策性前提，没有对乡村旅游与美丽乡村建设的内在逻辑关系进行深入分析，对乡村旅游与美丽乡村建设协调发展障碍因子尚未做出科学的诊断，缺乏定量的技术手段，导致对策泛化和空化。

因此，理论上，迫切需要厘清乡村旅游发展与美丽乡村建设协同发展的互动机制和评价体系，并通过协同度的研究，精准找到影响二者协调发展的阻碍因子，为乡村旅游发展与美丽乡村建设协同发展的精准施策提供依据。

1.3 研 究 内 容

1.3.1 乡村旅游与美丽乡村系统动力学研究

实践表明，乡村旅游与美丽乡村两个系统之间具有高度的耦合性和内在统一性。乡村旅游带动美丽乡村建设的作用机制表现在关联带动、产业支撑、社区参与、需求驱动、示范效应、制度建设等方面。美丽乡村建设促进乡村旅游发展表现在提供资金、改善设施、优化环境、提升服务、提高管理、保障政策等方面。根据系统动力学和推拉理论，初步设想将乡村旅游与美丽乡村建设耦合的动力因素分为推动性要素(资源、经济、产业、市场、服务、社区等)和支持性要素(政策、技术、文化、体制、资金等)，在此基础上分析乡村旅游与美丽乡村两个系统之间、要素子系统之间、要素与要素之间存在的相对关联、互相制约关系，探讨二者之间的内在因果联系、循环路径和耦合机制。

1.3.2 乡村旅游与美丽乡村建设"协调度"评价指标体系及评价模型

根据乡村旅游与美丽乡村建设的互动关系和协调发展机制，本书试图在经济、社会、文化、环境、管理五个方面找到乡村旅游和美丽乡村建设在发展中的一致性目标，这也是二者在协调发展中的契合点。初步设想，协调度指标下建立五个一级指标，即经济协调度指标、社会协调度指标、文化协调度指标、环境协调度指标和管理协调度指标。

(1)经济协调度，可以通过乡村集体经济收入增长率、乡村旅游收入占财政收入的比例、农村居民人均纯收入、特色产业和"特色业态"发展状况、农村产业结构调整、家庭总收入等指标衡量。

(2)社会协调度，可以通过农民返乡创业率、乡村旅游就业比例、农民就业渠道、农村公共服务水平、养生养老状况、居民对待游客的态度等指标衡量。

(3)文化协调度，可以通过乡村传统文化的保护、居民生活形态的原真性、传统文化与现代文化的融合度、居民对乡村旅游的支持率、居民对乡村的认同感(或归属感)等指标衡量。

(4)环境协调度，可以通过特色风貌治理状况、农村基础设施建设、村寨环境卫生状况、旅游设施与当地民族文化背景的协调性、农业大地景观与村寨风貌的协调性等指标衡量。

(5)管理协调度，可通过居民满意度调查、社区长效管理机制、游客满意度测评、旅游收入的利益分配等指标衡量。

根据建立的评价指标体系，引入物理学中的容量耦合模型原理，构建乡村旅游与美丽乡村二者之间五个维度的耦合-协调度评价模型。

1.3.3　乡村旅游与美丽乡村协调发展障碍因子诊断及原因分析

在协调度评价指标体系和评价模型基础上，选取四川灾后重建新村、乡村振兴示范村，以及浙江、贵州、云南等美丽乡村建设较好的典型新村为代表，采用熵权改进的 TOPSIS 法和障碍度模型，对协调度评价及其障碍因子诊断进行实证研究。在基于协调度评价的基础上，对乡村旅游与美丽乡村建设协调度进行病理诊断，厘清影响二者协调发展的障碍因子，以便为二者的协同发展路径提供科学依据。具体方法是引入因子贡献度、指标偏离度、障碍度 3 个指标来进行分析诊断。首先，计算每个评价指标的指标偏离度，即单项指标的达标率与 100% 的差距；其次，计算单个指标(即三级指标)对总指标的影响度；再次，对每个二级指标下的三级指标的影响度进行加权，得出每个二级指标对总目标的影响度，即障碍度；最后，对每个二级指标的障碍度从大到小进行排序，得出乡村旅游与美丽乡村协调发展障碍因子。

1.3.4　乡村旅游与美丽乡村建设协同路径研究

根据乡村旅游与美丽乡村建设协调发展障碍因子诊断，构建乡村旅游与美好乡村建设的协同路径，主要包括以下五个方面。

(1)产业协同(生产美)。产业协同是关键。用经营乡村的理念，重点探索优化产业功能与结构调整，实现乡村旅游与美丽乡村其他产业融合、聚集与延伸，最终构建"以美丽支撑乡村旅游产业、以乡村旅游产业养护美丽"的良性循环系统。

(2)环境协同(生态美)。关注区域整体格局、产业和人居环境大、中、小三层格局环境，注重生产、生活、生态三个方面的环境协调，探索提出产业布局、乡镇体系重构、新型乡村社区建设、生态系统支撑、旅游业整合发展、综合交通体系构建等方案。

(3)功能协同(形态美)。农村各项硬件建设上应强化旅游意识和环境意识，实现乡村旅游开发与农村硬件建设的协同化。如何实现农村居住的特色化与旅游功能化、农业产业化与旅游观光整合？如何实现部分居住功能与农家特色旅游接待功能、农业经济与田园风光的结合？

(4)文化协同(乡风美)。乡村旅游不仅要有绿水青山，还要有必要的文化传承。在乡村旅游转型升级背景下，美丽乡村如何发挥地方性承载的独特优势，充分展现传统村落的自然环境、人文景观、民风民俗、乡土之物、文化积淀？美丽乡村如何借助不同的表现形式，将文化融入乡村旅游的发展中？

(5)管理协同(和谐美)。探索投资、融资创新机制，如何促进政策创新？如何利用美丽乡村建设之机，探索土地流转的形式，实现乡村旅游规模经营和产业发展？探索乡村自治和自身保障的组织创新，如何更大程度地保障乡村振兴和社区参与？

1.4 研究框架与研究方法

1.4.1 研究框架

首先，从乡村旅游转型升级和美丽乡村建设的必要性和紧迫性入手，借用系统动力学和推拉理论，探讨乡村旅游与美丽乡村建设之间的内在联系；根据乡村旅游与美丽乡村建设的互动关系和协调发展机制，从经济、社会、文化、环境、管理五个方面构建乡村旅游与美丽乡村建设协调度评价指标体系及评价模型。采用改进的 TOPSIS 法和障碍度模型，对乡村旅游与美丽乡村建设协调度进行评价和障碍因子诊断。最后，通过障碍因子诊断，揭示乡村旅游与美丽乡村建设协调发展存在的问题，找到二者的协同发展路径(图 1-1)。

1.4.2 研究方法

(1)问卷调查和访谈。立足于农民和乡村旅游经营者视角，重点"基于居民状况和认知"的社区问卷调查，兼顾游客、乡镇干部、企业、专家等认知调查。访谈调查内容涉及典型农户、乡镇干部、涉农企业和游客对乡村旅游发展情况、旅游影响、公共设施、生态环境、文化认同、农户参与旅游动因、利益分配机制等方面的认识。

(2)计算机数据分析法。协调度评价体系是一个非数量性与数量性指标的混合，指标的修正采用德尔菲法、聚类分析法、差异系数法和多元回归法相结合，指标权重确定采用主观性和客观性结合的层次分析(analytic hierarchy process，AHP)与数据包络分析(data envelopment analysis，DEA)组合的方法。同时，采用熵权改进的 TOPSIS 法和障碍度模型，对协调度评价及其障碍因子诊断进行实证研究。

(3)自然实验方法。利用驱动机制中若干个因子条件，相互构建自然实验设计的关键变量，探讨主导因子控制下乡村旅游转型升级和美丽乡村建设的不同类型及其路径的差异。

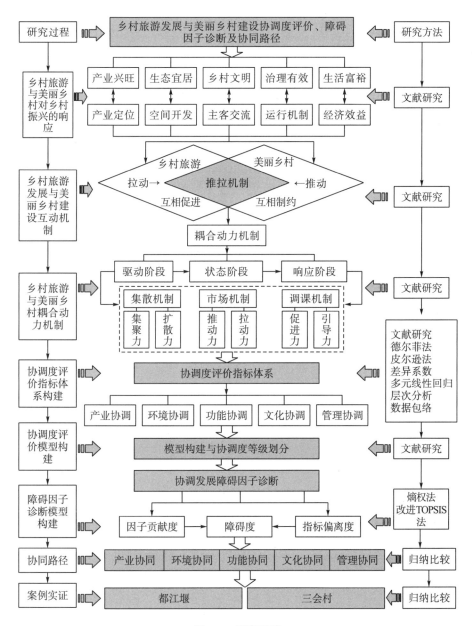

图 1-1　研究思路

1.5 研究创新之处

(1)研究内容的创新。创新构建乡村旅游与美丽乡村建设协调度评价指标体系。在此基础上，科学诊断乡村旅游与美丽乡村建设协调发展障碍因子，找到影响二者协调发展的关键因素，并从产业、功能、环境、文化、管理五个方面提出协同发展路径。

(2)研究视角更加注重社区居民。乡村旅游与美丽乡村的协同发展更加注重"人"(以"农民"为核心，包括农民与村干部、涉农企业、政府部门等相关利益者)的协同，即以"如何提高农民参与度、就业质量、综合素质，改善人居环境，保持乡土文化，加强协作管理，均衡利益分享"等方面为发力点。

(3)研究视角、方法、对象和方向的创新。从研究视角看，目前的研究一般从政府工作人员和学者两个视角展开，本书主要基于农民和乡村旅游经营者的视角。从研究方法看，横向比较与纵向比较研究相结合，调查地域不仅考虑四川灾后重建美丽乡村，还要考虑旅游扶贫效果显著的新村，同时兼顾浙江、安徽、云南等在美丽乡村建设上走在全国前列的省份。调查对象重点是基于居民状况和认知的乡村社区居民，兼顾游客、乡镇干部、企业、专家等。

第2章 乡村旅游发展与美丽乡村建设对乡村振兴战略的响应

2.1 乡村旅游发展政策梳理

我国的乡村旅游始于 20 世纪 80 年代末期,其发展具有明显的政策引导性。根据已有研究对我国乡村旅游政策演进阶段和特征的总结,其中,李玉新和吕群超(2018)归纳为经济目标导向的初步定位阶段(2006~2010 年)、整合多方资源的大力支持阶段(2011~2015 年)、全面系统设计的深化创新阶段(2016 年至今);李剑锋等(2019)归纳为政策依附期(1998 年之前)、政策萌芽期(1998~2005 年)、转型提速期(2014~2018 年);周燕(2019)总结为萌芽期(2004~2010 年)、发展期(2011~2015 年)、完善期(2016~2019 年)。不难看出,我国乡村旅游发展政策经历了从依附于"三农"有关政策到形成专项政策的过程。特别是党的十八大以来,乡村旅游作为助力农业供给侧结构性改革和乡村振兴重要支撑的作用不断凸显,党中央和国家部委密集出台了一系列乡村旅游发展规划、意见和支持政策,如《农业农村部关于开展休闲农业和乡村旅游升级行动的通知》《促进乡村旅游发展提质升级行动方案(2018 年—2020 年)》《关于促进乡村旅游可持续发展的指导意见》《关于推动文化产业赋能乡村振兴的意见》《关于促进乡村民宿高质量发展的指导意见》等(表 2-1)。

表 2-1 近年来我国休闲农业和乡村旅游的相关政策

年份	政策制定主体	政策文件	属性
2023	文化和旅游部办公厅、中国银行	《文化和旅游部办公厅 中国银行关于金融支持乡村旅游高质量发展的通知》(办资源发〔2023〕121 号)	专项性
	中共中央、国务院	《中共中央 国务院关于做好 2023 年全面推进乡村振兴重点工作的意见》	综合性
2022	国家林业和草原局、农业农村部等	《"十四五"乡村绿化美化行动方案》(林生发〔2022〕104 号)	专项性
	中共中央办公厅、国务院	《"十四五"文化发展规划》	专项性
	文化和旅游部、教育部、自然资源部、农业农村部等	《关于推动文化产业赋能乡村振兴的意见》	专项性

续表

年份	政策制定主体	政策文件	属性
2022	文化和旅游部、公安部、自然资源部、生态环境部等 10 部门	《关于促进乡村民宿高质量发展的指导意见》（文旅市场发〔2022〕77 号）	专项性
	中共中央、国务院	《中共中央 国务院关于做好2022年全面推进乡村振兴重点工作的意见》	综合性
	国家发展改革委、文化和旅游部	《国民旅游休闲发展纲要(2022—2030 年)》	专项性
2021	农业农村部办公厅、中国农业银行办公室	《农业农村部办公厅 中国农业银行办公室关于加强金融支持乡村休闲旅游业发展的通知》（农办产〔2021〕4 号）	专项性
	国务院	《"十四五"旅游业发展规划》（国发〔2021〕32 号）	专项性
	中共中央、国务院	《中共中央 国务院关于全面推进乡村振兴加快农业农村现代化的意见》	综合性
2020	中共中央、国务院	《中共中央 国务院关于抓好"三农"领域重点工作确保如期实现全面小康的意见》（中发〔2020〕1 号）	综合性
2019	国务院	《国务院关于促进乡村产业振兴的指导意见》（国发〔2019〕12 号）	综合性
	中共中央、国务院	《关于坚持农业农村优先发展做好"三农"工作的若干意见》（中发〔2019〕1 号）	综合性
2018	中共中央、国务院	《中共中央 国务院关于实施乡村振兴战略的意见》（中发〔2018〕1 号）	综合性
	国务院办公厅	《国务院办公厅关于深入开展消费扶贫助力打赢脱贫攻坚战的指导意见》（国办发〔2018〕129 号）	综合性
	国务院办公厅	《国务院办公厅关于促进全域旅游发展的指导意见》（国办发〔2018〕15 号）	综合性
	文化和旅游部、国家发展改革委等 17 部门	《关于促进乡村旅游可持续发展的指导意见》（文旅资源发〔2018〕98 号）	专项性
	国家发展改革委、财政部等 13 部门	《促进乡村旅游发展提质升级行动方案(2018 年—2020 年)》（发改综合〔2018〕1465 号）	专项性
	农业农村部	《农业农村部关于开展休闲农业和乡村旅游升级行动的通知》（农加发〔2018〕3 号）	专项性
2017	中共中央、国务院	《中共中央 国务院关于深入推进农业供给侧结构性改革 加快培育农业农村发展新动能的若干意见》（中发〔2017〕1 号）	综合性
	农业部办公厅	《农业部关于推动落实休闲农业和乡村旅游发展政策的通知》（农办加〔2017〕15 号）	专项性
	国家发展改革委、工业和信息化部等 14 部门	《促进乡村旅游发展提质升级行动方案(2017 年)》（发改社会〔2017〕1292 号）	专项性
2016	中共中央、国务院	《中共中央 国务院关于落实发展新理念加快农业现代化 实现全面小康目标的若干意见》（中发〔2016〕1 号）	综合性
	农业部、国家发展和改革委员会等 14 部门	《关于大力发展休闲农业的指导意见》（农加发〔2016〕3 号）	专项性
	国家旅游局、国家发展改革委等 12 部门	《关于印发乡村旅游扶贫工程行动方案的通知》（旅发〔2016〕121 号）	专项性

续表

年份	政策制定主体	政策文件	属性
2015	中共中央、国务院	《中共中央　国务院关于加大改革创新力度　加快农业现代化建设的若干意见》（中发〔2015〕1 号）	综合性
	国务院办公厅	《国务院办公厅关于推进农村一二三产业融合发展的指导意见》（国办发〔2015〕93 号）	综合性
	国务院办公厅	《国务院办公厅关于进一步促进旅游投资和消费的若干意见》（国办发〔2015〕62 号）	综合性
	农业部等 11 部门	《农业部等 11 部门关于积极开发农业多种功能大力促进休闲农业发展的通知》（农加发〔2015〕5 号）	专项性
	国务院扶贫办、国家旅游局	《关于开展贫困村旅游扶贫试点工作方案的通知》（国开办司发〔2015〕3 号）	专项性
2014	国务院	《国务院关于促进旅游业改革发展的若干意见》（国发〔2014〕31 号）	综合性
	农业部	《农业部关于进一步促进休闲农业持续健康发展的通知》（农加发〔2014〕4 号）	专项性
	国家发展改革委、国家旅游局等 7 部门	《关于实施乡村旅游富民工程推进旅游扶贫工作的通知》（发改社会〔2014〕2344 号）	专项性

在一系列国家政策及行业政策的支持下，乡村旅游通过对政策的不断响应、调整，实现了良性发展，其产业作用和社会影响不断提升，成为旅游消费的热点领域。经文化和旅游部测算，2018 年全国乡村旅游总人数达到 28.2 亿人次，乡村旅游总收入达到 1.63 万亿元；2019 年上半年，乡村旅游总人数达到 15.1 亿人次，同比增长 10.2%，乡村旅游总收入超过 8600 亿元，同比增长 11.7%[①]。

从近年来出台的一系列政策看，我国乡村旅游政策具有以下四个特点。

一是政策制定主体不断扩大，从单一行业主管部门向多部门拓展。过去乡村旅游政策的制定主体主要为农业、旅游等部门，侧重行业管理。现在的乡村旅游政策中多部门联合制定的数量明显增加，如《关于促进乡村旅游可持续发展的指导意见》由 17 部门联合制定出台。这本质上是由旅游产业的综合属性所决定的，也深刻反映了随着乡村旅游的发展，其涉及面、影响范围都在不断扩大，需要更多的发展要素支持，相应地在政策制定中需要整合各部门的资源和力量。

二是政策类型多样性明显。乡村旅游政策的类型日益丰富，覆盖国民经济发展规划、中共中央及国务院文件、部委文件、行业指导意见等，既有纲领性质的宏观政策，如自 2007 年中央一号文件首次提出重视乡村旅游发展以来，历年中央一号文件都有涉及乡村旅游发展的相关政策；又有中长期国民经济发展五年规划、旅游产业发展五年规划等，如 2021 年 3 月发布的《中华人民共和国

---

① 文旅部. 实施乡村旅游精品工程　树立乡村旅游品牌意识[EB/OL]. [2019-8-23]. http://travel.people.com.cn/n1/2019/0823/ c41570-31314271.html.

国民经济和社会发展第十四个五年规划和 2035 年远景目标纲要》提出要壮大乡村旅游特色产业，提升乡村旅游服务品质；2021 年 6 月发布的《"十四五"文化和旅游发展规划》提出要推动乡村旅游发展，推出乡村旅游重点村镇和精品线路；2021 年 12 月印发的《"十四五"旅游业发展规划》提出要规范发展乡村旅游，深入挖掘、传承提升乡村优秀传统文化，带动乡村旅游发展等；还有各类针对乡村旅游发展的专项政策，如《促进乡村旅游发展提质升级行动方案(2018 年—2020 年)》《关于促进乡村旅游可持续发展的指导意见》(文旅资源发〔2018〕98 号)等。此外，各地还结合本地实际，制定出台相应的乡村旅游发展政策，如《湖南省乡村旅游提质升级计划(2015—2017)》《重庆市人民政府办公厅关于加快乡村旅游发展的意见》《四川省人民政府办公厅关于大力发展乡村旅游合作社的指导意见》等。

三是政策内容系统性增强。乡村旅游政策的系统性不断增强，从单一要素向准入、资金、土地、人才、市场监管等多要素扩展，形成了包括发展目标与定位、发展要素支持与保障、品牌培育与示范创建、行业管理与规范、市场拓展与宣传推介等系统化的内容体系，这反映了乡村旅游发展进入综合发展的新阶段，需要更加系统地、多层面的政策给予支持。

四是政策之间的结合性突出。由于旅游业具有综合性和融合性的特点，乡村旅游政策也相应地根据国家重大战略实施、宏观经济发展趋势变化等做出调整，如 2014 年至 2021 年国家层面的政策文件中，多次提到乡村旅游和脱贫攻坚相结合，其中国家旅游局等 12 部委于 2016 年联合印发的《乡村旅游扶贫工程行动方案》，提出了乡村旅游扶贫八大行动。2018 年，《中共中央　国务院关于实施乡村振兴战略的意见》提出，要实施休闲农业和乡村旅游精品工程，建设一批设施完备、功能多样的休闲观光园区、森林人家、康养基地、乡村民宿、特色小镇[①]。由于乡村旅游发展与乡村振兴战略实施是相互促进、相互提高的辩证统一关系(周燕，2019)，可以预见今后制定出台的涉及乡村旅游的政策将与乡村振兴战略实施结合起来，相关政策也将从乡村振兴战略实施的角度构建乡村旅游发展政策支撑体系。

2.2　美丽乡村建设政策梳理

2012 年 11 月 8 日，党的十八大报告中明确提出"努力建设美丽中国，实现中华民族永续发展"，第一次提出了城乡统筹协调发展共建"美丽中国"的全新概念。随即出台的 2013 年中央一号文件，依据美丽中国的理念第一次提出了建设

---

① 中华人民共和国中央人民政府. 中共中央　国务院关于实施乡村振兴战略的意见[EB/OL]. [2018-02-04]. http://www.gov.cn/zhengce/2018-02/04/content_5263807.htm.

"美丽乡村"的奋斗目标，要求"加强农村生态建设、环境保护和综合整治，努力建设美丽乡村"。这是"美丽乡村"首次在国家层面被明确提出。

总体来看，"美丽乡村"建设的有关政策可以分为三个阶段。

一是原农业部主导的"美丽乡村"示范创建阶段。2013 年 2 月，农业部正式启动"美丽乡村"创建活动，提出创建"美丽乡村"是落实党的十八大精神，推进生态文明建设的需要，是加强农业生态环境保护，推进农业农村经济科学发展的需要，是改善农村人居环境，提升社会主义新农村建设水平的需要，提出 2013～2015 年，在全国不同类型地区试点建设 1000 个天蓝、地绿、水净、安居、乐业、增收的"美丽乡村"，要求从农村经济发展、农业功能拓展、农民素质提升、农业技术推广、乡村建设布局、资源开发利用、生态环境保护、乡村文化建设等方面，研究制定"美丽乡村"目标体系[①]。2013 年 5 月，农业部公布了《农业部关于组织开展"美丽乡村"创建试点申报工作的通知》(农办科〔2013〕30 号)，面向全国遴选 1000 个"美丽乡村"创建试点乡村，明确提出 4 点申报条件：①农业生产、农民生活、农村生态和乡村文明基础良好；②人文风貌或自然景观等方面有一定特色；③申报主体和当地政府开展创建的积极性高；④对照《农业部"美丽乡村"创建目标体系》，通过创建能够达到预期目标。其中，《农业部"美丽乡村"创建目标体系》包括 1 个总体目标和 5 个方面 20 项分类目标(表 2-2)，通过创建打造"生态宜居、生产高效、生活美好、人文和谐"的示范典型，形成各具特色的"美丽乡村"发展模式。2013 年 11 月，农业部公布"美丽乡村"创建试点乡村名单，确定北京市韩村河村等 1100 个乡村为全国"美丽乡村"创建试点乡村[②]，试点"美丽乡村"建设进入各地探索和实地创建阶段。2014 年 2 月，农业部发布了中国"美丽乡村"十大创建模式，即产业发展型、生态保护型、城郊集约型、社会综治型、文化传承型、渔业开发型、草原牧场型、环境整治型、休闲旅游型和高效农业型。每种模式分别代表了某一类型乡村在各自的自然资源禀赋、社会经济发展水平、产业发展特点、民俗文化传承等条件下开展美丽乡村建设的成功路径和有益启示。在试点过程中，各地结合实际，配套出台了美丽乡村建设的工作方案、意见等，如北京市印发《提升农村人居环境推进美丽乡村建设的实施意见(2014—2020 年)》(京政办发〔2014〕36 号)、安徽省出台《安徽省美好乡村建设规划(2012—2020 年)》(皖政〔2012〕97 号)、福建省发布《关于进一步改善农村人居环境推进美丽乡村建设的实施意见》(闽政〔2014〕57 号)、黑龙江省制定《黑龙江省美丽乡村建设三年行动计划(2013—2015 年)》(黑农办发〔2013〕4 号)等。

---

① 中华人民共和国农业农村部. 农业部办公厅关于开展"美丽乡村"创建活动的意见(农办科〔2013〕10 号). [2013-02-22]. http://www.moa.gov.cn/gk/tzgg_1/tz/201302/t20130222_3223999.htm.
② 资料来源：《农业部办公厅关于公布"美丽乡村"创建试点乡村名单的通知》(农办科〔2013〕64 号)。

表 2-2 "美丽乡村"创建目标体系

目标层次	目标方向	目标细化	具体内容
		总体目标	按照生产、生活、生态和谐发展的要求，坚持"科学规划、目标引导、试点先行、注重实效"的原则，以政策、人才、科技、组织为支撑，以发展农业生产、改善人居环境、传承生态文化、培育文明新风为途径，构建与资源环境相协调的农村生产生活方式，打造"生态宜居、生产高效、生活美好、人文和谐"的示范典型，形成各具特色的"美丽乡村"发展模式，进一步丰富和提升新农村建设内涵，全面推进现代农业发展、生态文明建设和农村社会管理
分类目标	产业发展	(1)产业形态	主导产业明晰，产业集中度高，每个乡村有一到两个主导产业；当地农民(不含外出务工人员)从主导产业中获得的收入占总收入的 80%以上；形成从生产、储运、加工到流通的产业链条，并逐步拓展延伸；产业发展和农民收入增速在本县域处于领先水平；注重培育和推广"三品一标"，无农产品质量安全事故
		(2)生产方式	按照"增产增效并重、良种良法配套、农机农艺结合、生产生态协调"的要求，稳步推进农业技术集成化、劳动过程机械化、生产经营信息化，实现农业基础设施配套完善，标准化生产技术普及率达到 90%；土地等自然资源适度规模经营稳步推进；适宜机械化操作的地区(或产业)机械化综合作业率达到 90%以上
		(3)资源利用	资源利用集约高效，农业废弃物循环利用，土地产出率、农业水资源利用率、农药化肥利用率和农膜回收率高于本县域平均水平；秸秆综合利用率达到 95%以上，农业投入品包装回收率达到 95%以上，人畜粪便处理利用率达到 95%以上，病死畜禽无害化处理率达到 100%
		(4)经营服务	新型农业经营主体逐步成为生产经营活动的骨干力量；新型农业社会化服务体系比较健全，农民合作社、专业服务公司、专业技术协会、农民经纪人、涉农企业等经营性服务组织作用明显；农业生产经营活动所需的政策、农资、科技、金融、市场信息等服务到位
	生活舒适	(5)经济宽裕	集体经济条件良好，一村一品或一镇一业发展良好，农民收入水平在本县域内高于平均水平，改善生产、生活的愿望强烈且具备一定的投入能力
		(6)生活环境	农村公共基础设施完善、布局合理、功能配套，乡村景观设计科学，村容村貌整洁有序，河塘沟渠得到综合治理；生产生活实现分区，主要道路硬化；人畜饮水设施完善、安全达标；生活垃圾、污水处理利用设施完善，处理利用率达到 95%以上
		(7)居住条件	住宅美观舒适，大力推广应用农村节能建筑；清洁能源普及，农村沼气、太阳能、小风电、微水电等可再生能源在适宜地区得到普遍推广应用；省柴节煤炉灶炕等生活节能产品广泛使用；环境卫生设施配套，改厨、改厕全面完成
		(8)综合服务	交通出行便利快捷，商业服务能满足日常生活需要，用水、用电、用气和通信等生活服务设施齐全，维护到位，村民满意度高
分类目标	民生和谐	(9)权益维护	创新集体经济有效发展的形式，增强集体经济组织实力和服务能力，保障农民土地承包经营权、宅基地使用权和集体经济收益分配权等财产性权利
		(10)安全保障	遵纪守法蔚然成风，社会治安良好有序；无刑事犯罪和群体性事件，无生产和火灾安全隐患，防灾减灾措施到位，居民安全感强
		(11)基础教育	教育设施齐全，义务教育普及，适龄儿童入学率 100%，学前教育能满足需求
		(12)医疗养老	新型农村合作医疗普及，农村卫生医疗设施健全，基本卫生服务到位；养老保险全覆盖，老弱病残贫等得到妥善救济和安置，农民无后顾之忧
	文化传承	(13)乡风民俗	民风朴实、文明和谐，崇尚科学、反对迷信，明理诚信、尊老爱幼，勤劳节俭、奉献社会
		(14)农耕文化	传统建筑、民族服饰、农民艺术、民间传说、农谚民谣、生产生活习俗、农业文化遗产得到有效保护和传承

续表

目标层次	目标方向	目标细化	具体内容
分类目标	文化传承	(15)文体活动	文化体育活动经常性开展，有计划、有投入、有组织、有实施，群众参与度高、幸福感强
		(16)乡村休闲	自然景观和人文景点等旅游资源得到保护性挖掘，民间传统手工艺得到发扬光大，特色饮食得到传承和发展，农家乐等乡村旅游和休闲娱乐得到健康发展
	支撑保障	(17)规划编制	试点乡村要按照"美丽乡村"创建工作总体要求，在当地政府指导下，根据自身特点和实际需要，编制详细、明确、可行的建设规划，在产业发展、村庄整治、农民素质、文化建设等方面明确相应的目标和措施
		(18)组织建设	基层组织健全、班子团结、领导有力，基层党组织的战斗堡垒作用和党员先锋模范作用充分发挥；土地承包管理、集体资产管理、农民负担管理、公益事业建设和村务公开、民主选举等制度得到有效落实
		(19)科技支撑	农业生产、农村生活的新技术、新成果得到广泛应用，公益性农技推广服务到位，村有农民技术员和科技示范户，农民学科技、用科技的热情高
		(20)职业培训	新型农民培训全覆盖，培育一批种养大户、家庭农场、农民专业合作社、农业产业化龙头企业等新型农业生产经营主体，农民科学文化素养得到提升

资料来源：据《农业部"美丽乡村"创建目标体系》整理。

二是《美丽乡村建设指南》国家标准发布后的执行阶段。2015 年 4 月，由国务院农村综合改革工作小组办公室提出，国家质量监督检验检疫总局、国家标准化管理委员会正式发布了《美丽乡村建设指南》(GB/T 32000—2015)。该标准于 2015 年 6 月 1 日起正式实施。它将美丽乡村(beautiful village)界定为经济、政治、文化、社会和生态文明协调发展，规划科学、生产发展、生活宽裕、乡风文明、村容整洁、管理民主、宜居、宜业的可持续发展乡村(包括建制村和自然村)。该标准采取定性和定量相结合的方法，汇集了财政、环保、住建、农业等行业部委的相关工作要求，从村庄规划、村庄建设、生态环境、经济发展、公共服务、乡风文明、基层组织、长效管理等方面规定了美丽乡村建设的 21 项量化指标(表2-3)。该标准的发布将美丽乡村建设从方向性概念转化为定性、定量、可操作的实践工作，为全国提供了框架性、方向性的技术指导。

该标准发布后，各地对照标准要求，结合实际，对已有工作和标准进行了及时调整、完善和细化，有力地推动了当地的美丽乡村建设。如海南省制定《海南省美丽乡村建设五年行动计划(2016—2020)》(琼府〔2016〕18 号)《海南省美丽乡村建设三年行动计划(2017—2019)》(琼府〔2017〕23 号)、河北省印发《关于加快推进美丽乡村建设的意见》、湖北省出台《湖北省人民政府办公厅关于统筹整合相关项目资金开展美丽宜居乡村建设试点工作的指导意见》(鄂政办发〔2016〕66 号)、四川省制定《"美丽四川·宜居乡村"推进方案(2018—2020 年)》等。

表 2-3   《美丽乡村建设指南》(GB/T 32000—2015)框架体系

主体框架	具体内容	
1. 范围	略	
2. 规范性引用文件	略	
3. 术语和定义	略	
4. 总则	略	
5. 村庄规划	5.1 规划原则	5.1.1　因地制宜
		5.1.2　村民参与
		5.1.3　合理布局
		5.1.4　节约用地
	5.2 规划编制要素	下列 9 点要求(略)
6. 村庄建设	6.1 基本要求	下列 5 点要求(略)
	6.2 生活设施	6.2.1　道路
		6.2.2　桥梁
		6.2.3　饮水
		6.2.4　供电
		6.2.5　通信
	6.3 农业生产设施	下列 3 点要求(略)
7. 生态环境	7.1 环境质量	下列 2 点要求(略)
	7.2 污染防治	7.2.1　农业污染防治
		7.2.2　工业污染防治
		7.2.3　生活污染防治
	7.3 生态保护与治理	下列 7 点要求(略)
	7.4 村容整治	7.4.1　村容维护
		7.4.2　环境绿化
		7.4.3　厕所改造
		7.4.4　病媒生物综合防治
8. 经济发展	8.1 基本要求	下列 3 点要求(略)
	8.2 产业发展	8.2.1　农业
		8.2.2　工业
		8.2.3　服务业
9. 公共服务	9.1 医疗卫生	下列 2 点要求(略)
	9.2 公共教育	下列 3 点要求(略)
	9.3 文化体育	9.3.1　基础设施
		9.3.2　文体活动

续表

主体框架	具体内容	
		9.3.3　文化保护与传承
9. 公共服务	9.4 社会保障	下列 4 点要求(略)
	9.5 劳动就业	下列 3 点要求(略)
	9.6 公共安全	下列 5 点要求(略)
	9.7 便民服务	下列 3 点要求(略)
10. 乡风文明	下列 3 点要求(略)	
11. 基层组织	11.1 组织建设	
	11.2 工作要求	下列 4 点要求(略)
12. 长效管理	12.1 公众参与	下列 3 点要求(略)
	12.2 保障与监督	下列 3 点要求(略)

资料来源：据《美丽乡村建设指南》(GB/T 32000—2015)整理。

　　三是乡村振兴战略提出后的推进阶段。党的十九大报告明确提出坚持农业农村优先发展理念，按照"产业兴旺、生态宜居、乡风文明、治理有效、生活富裕"的总要求，实施乡村振兴战略，建立健全城乡融合发展的体制机制和政策体系，加快推进农业农村现代化(李孝忠，2018)。2018 年，中央一号文件《中共中央　国务院关于实施乡村振兴战略的意见》就乡村振兴战略进行全面部署，明确提出到 2020 年，乡村振兴取得重要进展，美丽宜居乡村建设扎实推进；到 2035 年，乡村振兴取得决定性进展，美丽宜居乡村基本实现；到 2050 年，乡村全面振兴，农业强、农村美、农民富全面实现。2019 年，中央一号文件《中共中央　国务院关于坚持农业农村优先发展做好"三农"工作的若干意见》对乡村振兴战略的实施做了进一步安排部署，要求把加强规划管理作为乡村振兴的基础性工作，实现规划管理全覆盖，按照先规划后建设的原则，通盘考虑土地利用、产业发展、居民点建设、人居环境整治、生态保护和历史文化传承，注重保持乡土风貌，编制多规合一的实用性村庄规划。

　　2020 年，中央一号文件《中共中央　国务院关于抓好"三农"领域重点工作确保如期实现全面小康的意见》继续聚焦乡村发展建设问题，提出扎实搞好农村人居环境整治、改善乡村公共文化服务、治理农村生态环境突出问题、发展富民乡村产业、健全乡村治理工作体系等多项任务，对乡村振兴和乡村建设起到了精准指导作用。

　　2021 年，中央一号文件《中共中央　国务院关于全面推进乡村振兴加快农业农村现代化的意见》，以实现巩固拓展脱贫攻坚成果同乡村振兴有效衔接、加快推进农业现代化、大力实施乡村建设行动和加强党对"三农"工作的全面领导等方面推进乡村振兴战略，并进行了有力部署，这对乡村旅游发展和美丽乡村建设起到了有力引导作用。

2022 年，中央一号文件《中共中央　国务院关于做好 2022 年全面推进乡村振兴重点工作的意见》明确界定了全力抓好粮食生产和重要农产品供给、强化现代农业基础支撑、坚决守住不发生规模性返贫底线、聚焦产业促进乡村发展、扎实稳妥推进乡村建设、突出实效改进乡村治理、加大政策保障和体制创新力度和坚持和加强党对"三农"工作的全面领导等多项乡村振兴重点工作。

党的二十大报告指出，要全面推进乡村振兴，扎实推动乡村产业、人才、文化、生态、组织振兴，统筹乡村基础设施和公共服务布局，建设宜居业和美乡村。这是对乡村振兴的又一重要指示，对乡村全面发展起到了强有力的指引作用。

2023 年，中央一号文件《中共中央　国务院关于做好 2023 年全面推进乡村振兴重点工作的意见》，从抓紧抓好粮食和重要农产品稳产保供、加强农业基础设施建设、强化农业科技和装备支撑、巩固拓展脱贫攻坚成果、推动乡村产业高质量发展、拓宽农民增收致富渠道、扎实推进宜居宜业和美乡村建设、健全党组织领导的乡村治理体系、强化政策保障和体制机制创新等 9 个方面指出了当前乡村振兴的重点工作，特别在扎实推进宜居宜业和美丽乡村建设对乡村旅游发展和美丽乡村建设工作上做出了明确指导。

2.3　乡村旅游发展与美丽乡村建设对乡村振兴战略实施的行动响应

《中共中央　国务院关于实施乡村振兴战略的意见》明确把"实施休闲农业和乡村旅游精品工程"作为提升农业发展质量、培育乡村发展新动能的重要内容，这标志着乡村旅游已经成为实现乡村振兴战略的重要领域。同时，该意见明确要求"持续推进宜居宜业的美丽乡村建设"。可见，对乡村旅游发展和美丽乡村建设而言，实施乡村振兴战略既是难得的发展新机遇，又是必须响应的新要求。实施乡村振兴战略作为新时代"三农"工作的总抓手，必然要求所有涉及"三农"的工作、事业和产业自觉响应乡村振兴战略的总要求，自觉融入乡村振兴战略工作大局。这就要求在探讨乡村旅游与美丽乡村建设协同发展的问题时，在某种程度上必须思考乡村旅游发展、美丽乡村建设与乡村振兴战略的内在联系和行动响应。

2.3.1　对产业兴旺要求的响应：在产业定位上实现点到线的转变

产业兴旺是实现乡村振兴的重点，是"生产发展"的必然结果和更高要求。近年来乡村旅游发展迅猛，据农业农村部统计，2018 年全国休闲农业和乡村旅游接待人次超 30 亿人次, 营业收入超过 8000 亿元[①]。纵向上看, 乡村旅游已经成为城镇居民"5+2"生活模式的主要载体、国内旅游发展的主战场, 是天然的农村产业融合主体。但与国内旅游市场总体规模和效益相比[②], 全国休闲农业和乡村旅游接待游客量虽然已经达到国内旅游游客总量的 56%, 但是所实现的旅游收入仅为国内旅游收入的 16.2%, 人均消费也仅为国内旅游人均消费的 28.9%。这充分说明乡村旅游在产业发展规模和效益方面还有很大的空间。

产业兴旺不仅是对经济规模的要求, 更是对经济质量的要求。经过多年的发展, 乡村旅游已经从农家乐、渔家乐、藏家乐等自发形式, 开始向观光、休闲、体验、度假复合型转变(郭占武, 2016), 但这只是乡村旅游自身形态的演化, 还没有涉及产业支撑的核心问题。从长远看, 随着乡村振兴战略的深入实施, 乡村旅游要实现产业兴旺的要求, 必须从产品状态向产业形态进行发展和丰富, 主动融入农业供给侧结构性改革中, 按照加快构建现代农业产业体系、生产体系、经营体系的要求, 立足农村一二三产业融合和全域旅游发展要求, 加快构建乡村旅游产业体系, 促进乡村旅游产业聚集与产业链延伸, 培育乡村休闲度假、精品民宿、养老养生、健康疗养、乡土文创等高端业态, 增强乡村旅游的创新力、竞争力。

对美丽乡村建设而言, 落实产业兴旺要求, 就是从单纯的硬件设施建设, 注重生活、生产与生态的一体化建设, 在推进美丽乡村建设中, 注重与乡村产业发展的结合、融合, 为后期的乡村旅游、民宿客栈、非遗文创等产业发展、业态布局预留空间和提供载体。

2.3.2 对生态宜居要求的响应: 在空间开发上实现块到面的转变

生态宜居是实现乡村振兴的关键, 是"村容整洁"的升级版和扩展版。良好的生态环境是农村的最大优势和宝贵财富, 也是乡村旅游发展的根本支撑。乡村旅游发展对乡村自然生态环境具有正负双重效应, 一方面乡村旅游对其重要吸引物和发展基础良好的自然生态环境具有原生保护的内在特质; 同时, 作为新农村、美丽乡村、特色小镇建设的重要抓手, 发展乡村旅游能够为当地的乡村环境整治和维护带来持续的资金投入, 从而使乡村旅游具有促进乡村自然生态环境和乡村村容村貌改善的社会功能(熊晓红, 2012)。另一方面, 盲目粗放的乡村旅游开发和追求短期效益的经营行为会对乡村自然生态环境、景观资源等产生消极影响, 会不同程度地破坏乡村自然生态环境和生态系统。

生态宜居包括整洁的村容村貌、优美的生态环境、宜人的居住条件等, 蕴含着生产、生态、生活融合发展的内在要求。改善农村人居环境, 实现生态宜居是

---

① 人民网. 2018 年全国休闲农业和乡村旅游营业收入超过八千亿元[EB/OL]. [2019-02-14]. http://country.people. com. cn/n1/2019/0214/c419842-30674249.html.

② 中华人民共和国文化和旅游部. 2018 年旅游市场基本情况[EB/OL]. [2019-02-12]. https://www.mct.gov.cn/whzx/ whyw/201902/t20190212_837270.htm.

美丽乡村建设应有之义。美丽乡村建设就是要从保护乡村生态系统的高度，通过整村推进，积极推行农村河道、道路交通、绿化美化、环境保洁、公共设施等由点及面的长效综合管护，确保落实生态宜居目标和要求。乡村旅游落实生态宜居要求，关键是要树立和践行"绿水青山就是金山银山"理念，把发展乡村旅游与促进乡村生态建设、推动乡村自然资本加快增值、提高农民居住环境质量有机结合起来，在尊重自然、顺应自然、保护自然的基础上，做好乡村旅游规划设计、功能分区、业态布局。同时，生态环境是统一的有机整体，乡村自然生态环境是一个全域空间概念，发展乡村旅游不能唯农家乐、乡村旅游景点等封闭空间，也不能把村寨内部与外部、乡村景观与乡村环境割裂开，而应按照系统工程的思路进行整村规划开发，打造生产、生活、生态"三生融合"为特色的乡村旅游目的地。

2.3.3　对乡风文明要求的响应：在主客交流上实现单向到双向的转变

乡风文明是乡村振兴的保障，文明乡风、良好家风、淳朴民风不仅是乡村社会文明程度的体现，也是乡村旅游的重要吸引物，更是乡情乡愁和良好旅游氛围的主要标志。游客参与乡村旅游，除了吃农家饭、住农家屋、看农家景外，更重要的是体验农耕文化、感受乡风民俗。实践证明，乡村旅游的发展有利于增强农民的文化自豪感和身份认同感，能够为乡村文化的传承提供动力和支持，一些传统手工艺、民俗表演、地方小吃等在乡村旅游的带动下得以恢复。但值得注意的是，乡村旅游对于乡村文化的传承与发展是一把双刃剑，一些地区的乡村文化在旅游业发展中出现了同化和变异现象(朱丹丹和张玉钧，2008)，乡村旅游收入差异和个别游客的不良示范效应对农民的思想观念也造成了一定程度的冲击，并最终给乡村文化传承与发展造成了负面影响。实现乡村振兴的乡风文明要求，必须有效发挥乡村旅游对乡村文化传承与发展的积极作用，限制和避免负面影响。

乡风文明的核心是提升农民精神风貌，关键是要突出农民在乡村旅游发展中的主体地位。首先，突破对游客与居民非此即彼关系的认识，从单向的"游客为上"转变为双向的"主客共享"交流，在为外来游客提供优质服务的同时，充分考虑"生于斯，长于斯"的本地居民的利益，把保护和传承优秀乡村文化作为乡村旅游发展的重要任务和目标。其次，鼓励农村居民积极参与当地乡村旅游发展。实践表明，农民参与当地乡村旅游的程度越高，乡村旅游对乡村造成的负面影响越小，也越有利于当地管理部门对乡村旅游发展的控制(牛自成和张宏梅，2016)。通过乡村旅游发展，促进农民进一步了解本地社会文化价值和魅力，增强对传统文化的自信心，提升精神风貌，回归和弘扬纯朴的乡土文明，提高农民对外来游客的友好度，营造"近者悦，远者来"的旅游氛围。

对美丽乡村建设而言，提高农民的参与性、主动性也是落实乡风文明要求的需要。让农民从单向的"照着图纸建"到双向的"参与图纸设计、配合建设落地"，在规划设计、样本打造、建设落地的全过程中充分尊重和保障农民的主体地位，使农民真正成为美丽乡村建设主体。同时，美丽乡村建设还应通过硬件建设促进软件发展，不仅让农民住上好房子，还要让其养成好习惯、过上好日子。建设不仅要满足农民基本的生活居住需求，还要加强农村文化活动场所和设施建设，通过设置农家书屋、修建村文化娱乐小广场、安装远程教育网络等满足村民们对文化活动的需求，实现资源共享，促进农村文化活动形式丰富多彩，推进乡风文明。

2.3.4　对治理有效要求的响应：在运行机制上实现一元主体到多元主体的转变

治理有效是乡村振兴的基础，是管理民主化的进一步完善和丰富，是适应新时代农村利益主体结构日益多元、社区公共事务深刻调整、农村社会结构发生新变化的必然要求。近年来，随着乡村旅游发展，自身素质和社会资本的差异与限制，致使农民参与乡村旅游的方式和程度不同，从而在收入上产生差距，形成阶层分化。这种阶层分化现象虽然客观上刺激了乡村旅游和农村经济的发展，但也挫伤了部分农民参与乡村旅游经营的积极性，给乡村旅游的良性发展带来了一些不稳定的因素，更会加剧农村贫富差距，给农村社会带来不稳定的因素（尹戟，2006）。此外，乡村旅游开发经营中因利益分配机制缺失、分配不均而引发的群体突发事件也有发生，如 2013 年的"凤凰古城收费事件"（曹务坤　等，2014）。因此，完善乡村旅游运行机制，特别是经济利益分配机制，是乡村旅游响应治理有效目标的内在要求。

治理有效要求体现在乡村旅游的开发和发展中，核心是构建多元主体的利益协调机制。经济利益分配是乡村旅游各种利益中最主要和最敏感的问题，参与乡村旅游经济利益分配的主体主要有村民、村集体组织、旅游企业和地方政府（张文磊，2012），积极回应和有效协调各主体的利益诉求，关键是重视和保障农民分享旅游发展成果的权利，在建立健全党委领导、政府负责、社会协同、公众参与、法治保障的现代乡村社会治理体制的背景下，应突出农村基层党组织对乡村旅游发展的政治引领、组织引领、机制引领，通过建立完善利益分配机制和权益保障机制，保障农民持续参与乡村旅游开发、持续获得乡村旅游发展利益的正当权利，正确处理各利益主体的权利诉求和利益博弈。

同样，美丽乡村不仅要建设好，更要管理好、维护好、治理好。有效落实治理要求，关注美丽乡村建设的管理问题，从单一的政府主导推进，提升为广泛发动政府、社会、市场、群众等主体，建立齐抓共管的组织领导机制，进一步协调力量，整合资源，激发和调动各主体积极性，解决美丽乡村建设的资金、用地、项目等难点问题，有效开展美丽乡村的工程建设、日常管理、环境卫生综合治理等。

2.3.5　对生活富裕要求的响应：在经济效益上实现短期性向长期性转变

生活富裕是乡村振兴的根本，与"生活宽裕"相比，更加强调让农民有持续稳定的收入来源，经济宽裕，衣食无忧，生活便利(李孝忠，2018)。农业农村部统计数据显示：2017年全国休闲农业和乡村旅游从业人员达900万人，带动700万户农民受益[①]。乡村旅游已经成为农民增收致富的重要手段，且是不争的事实。农民参与乡村旅游的主要方式有开办农家乐、民宿，参与景区、农家乐接待和服务，出租或流转闲置土地、房屋，销售土特产品、手工艺品等。这些方式受农民自身经济能力、经营能力、服务能力等限制较大，同时受旅游淡旺季影响比较明显，导致农民获得乡村旅游收益的差异性和不稳定性都比较明显。

生活富裕的根本是要保证农民获得持续性的收入。从乡村旅游发展看，落实这一要求仅仅依靠单一的乡村旅游产品、项目或者单个乡村旅游经营业主是难以实现的，必须从创新乡村旅游组织形式、优化乡村旅游经营模式入手，特别是要与培育新型农业经营主体相结合，大力培育乡村旅游合作社、乡村旅游协会、乡村旅游公司等，提高乡村旅游组织化、集约化程度。此外，在推进精准扶贫、精准脱贫中，要充分发挥乡村旅游的优势作用，积极推动利用闲置农房发展乡村旅游，盘活农村沉睡资产，支持和引导贫困户加入乡村旅游合作社等，实现生产资料变经营资本再变股本，在保证贫困户获得租金收益、劳务收益、销售收益的基础上，提高股份分红收益的比例。

对美丽乡村建设而言，就是做好产业发展的规划支撑和空间预留，充分考虑农民后期的经营需求和生产需要，为农民获得经营、租金、分红等长期收益提供空间。根据当地的生产生活习俗和历史文化底蕴，把美丽乡村建设与"一村一品、一村一韵"的特色产业布局相结合，将景区理念与旅游元素融入美丽乡村建设，因地制宜地配置标识系统、景点游步道、公共厕所、游客中心等旅游基础设施，变"美丽乡村"为"美丽经济"。

2.4　小　　结

综上，实施乡村振兴战略对乡村旅游发展和美丽乡村建设而言，既是宝贵的历史机遇，又是必须应对的新要求。如何积极响应乡村振兴战略的各项要求，并以合适的路径予以落实，是新时代乡村旅游发展、美丽乡村建设必须回答的现实问题。

从行动响应看，这是一个螺旋上升、层次推进的过程，乡村旅游发展和美丽乡村建设需要对照乡村振兴战略总体要求，在产业定位上实现点到线的转变，突

---

① 中国新闻网. 中国去年乡村旅游收入超 7400 亿元　农业农村部提五项措施促升级[EB/OL]. [2018-06-15]. https://www.chinanews.com/cj/2018/06-15/8539155.shtml.

破原有单一的产品形态，促进规模化、集成化发展；在空间开发上实现块到面的转变，注重生产、生活、生态融合，推进整村开发；在主客交流上实现单向到双向的转变，突出农民在乡村旅游发展和美丽乡村建设中的主体地位，营造共建共享的良好环境；在运行机制上实现一元主体到多元主体的转变，构建多元主体的利益机制，重视和保障农民主体地位；在经济效益上实现短期性向长期性转变，创新乡村旅游组织形式和经营模式，做好产业发展的规划支撑和空间预留，有效保障农民获得乡村旅游收益的可持续性。

乡村旅游发展和美丽乡村建设对乡村振兴战略的逻辑响应，关键是要把乡村振兴战略的"政策红利"转化为推进乡村旅游发展、美丽乡村建设的有效措施，这就涉及政策支撑体系、产业支撑体系、社会支撑体系、制度支撑体系的构建和完善。值得注意的是，乡村振兴战略背景下的乡村旅游发展和美丽乡村建设都是一个长期性的系统工程，乡村旅游和美丽乡村对实施乡村振兴战略的响应和落实也是一个动态的过程，这需要紧跟乡村振兴战略的实施，紧扣乡村旅游发展、美丽乡村建设的实践探索，及时研究各类新问题、新情况，进一步厘清乡村旅游与美丽乡村之间的内在联系、互动关系以及互动作用机制。

第3章 乡村旅游与美丽乡村的互动作用机制

3.1 乡村旅游与美丽乡村的内在联系

乡村旅游与美丽乡村都是推进乡村建设的形式，二者融合发展具有较大的实效性，乡村旅游是美丽乡村的动态载体，美丽乡村为乡村旅游提供了静态发展平台。

具体来看，乡村旅游发展与美丽乡村建设之间具有众多紧密联系的交汇点：一是目标都是乡村振兴；二是都重视基础服务设施建设；三是都注重产业产品升级；四是都提倡特色科学发展；五是都要求完善管理机制；六是都注重乡村特色保护。

可以说，美丽乡村建设和乡村旅游发展及其可持续发展的最终目的是一致的，为了达到共同的目的，需要准确把握二者的互动关系，并找到二者共赢的平衡点，使得二者相互促进。

3.2 乡村旅游与美丽乡村的互动机制概念模型

采用"系统动力学+推拉理论"的研究方法，通过系统动力学找出乡村旅游与美丽乡村之间的循环因果关系，通过推拉模型分析因果关系的积极推动作用和消极推动作用。采用"系统动力学+推拉理论"的研究方法，搭建乡村旅游与美丽乡村的互动作用概念模型图(图3-1)。运用"推拉理论"研究乡村旅游和美丽乡村互动关系的拉力(正向影响)和推力(负向影响)。其中，乡村旅游发展的需求驱动、产品创新、产业融合等对美丽乡村建设及二者之间协同发展起到拉动作用；美丽乡村建设的资金扶持、政策引导、交通提升等对乡村旅游发展及二者之间协同发展起到拉动作用。对应地，乡村旅游发展项目同质化、发展模式落后、规划高度不够等对美丽乡村建设及二者之间协同发展起到推力作用，美丽乡村建设的硬化过度缺乏美感、技术落后人才缺乏、组织协调难度大等对乡村旅游发展及二者之间协同发展起到推力作用。综合以上分析，二者之间的拉力，属于互促关系；二者之间的推力，属于负向影响，是二者之间关于乡村发展建设存在的矛盾点，也是目前乡村建设需要解决的问题。

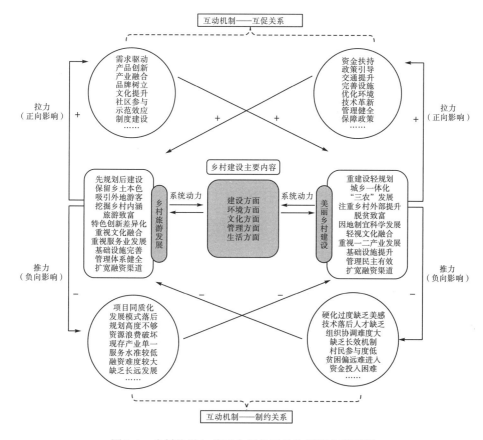

图 3-1　乡村旅游与美丽乡村的互动作用概念模型图

注："→"表现要素之间因果循环关系，"+"表示因果循环的正向影响；"−"表示因果循环的负向影响。

3.3　乡村旅游与美丽乡村的互动作用分析

乡村旅游与美丽乡村互动作用概念模型直观地反映了乡村旅游与美丽乡村的互动作用，从概念模型(图 3-1)中可以找出四条因果关系线。

1. 乡村旅游对美丽乡村的拉力影响

乡村旅游重视规划和乡土文化保留，有利于美丽乡村环境建设和文化建设；乡村旅游以第三产业为主，主要是吸引游客前来，有利于促进美丽乡村三产融合发展及适应市场需求建设，带动社区参与，乡村旅游是特色化、差异化的乡村发展模式，有利于促进美丽乡村产品创新和品牌树立，起到示范效应；乡村旅游注重对乡村内涵的挖掘，有利于美丽乡村建设的文化提升；乡村旅游是乡村振兴的重要手段之一，有利于乡村振兴战略的实现。

2. 美丽乡村对乡村旅游的拉动影响

美丽乡村侧重规划设计，符合城乡一体化发展要求，也与促进乡村现代化的资金扶持、政策倾斜相统一；美丽乡村重视乡村外部建设，也可以满足乡村旅游的基础工程建设需求；美丽乡村重视"三农"发展，有利于乡村旅游注重对基本经济产业进行合理规划；美丽乡村注重对乡村生态环境的整治，提倡"厕所革命"，能为乡村旅游提供良好的发展环境；美丽乡村注重乡风文明和管理有效，有利于乡村内部的制度建设等。

3. 乡村旅游对美丽乡村的推力影响

乡村旅游规划同质化、不周全、没有因地制宜的问题，对美丽乡村建设也会产生负面影响；乡村旅游不合理开发容易造成资源破坏和浪费；乡村欠发达容易造成乡村产业单一，不利于美丽乡村的产业融合发展；很多乡村旅游缺乏长远规划，服务水平低。这些问题都会影响美丽乡村的后期规划建设。

4. 美丽乡村对乡村旅游的推力影响

美丽乡村重视基础工程建设容易过度硬化而缺失美感，不利于乡村旅游特色化建设；美丽乡村容易形成"政府工程"，导致村民参与度低，不利于调动社会在乡村旅游发展上的参与积极性，组织协调难度大；贫困偏远地区进入性差和资金不到位，阻碍着美丽乡村和乡村旅游的发展等。

3.4 乡村旅游与美丽乡村的互动作用表现

3.4.1 互相促进作用

(1)互补支撑作用。乡村旅游和美丽乡村建设都致力于乡村更好地发展，二者既有相同点也有不同点，二者在建设时可以实现资源、技术、人才、资金等共享，在业态、产业、规划的发展上实现互补，互为支撑共同发展。如美丽乡村建设促进完善基础服务设施，基础设施的完善又为乡村旅游提供基本条件；乡村旅游能快速带活产业经济，这部分经济增长又可以助力美丽乡村建设。

(2)培新产业综合拉动。美丽乡村建设更加注重解决"三农"问题及农村民生建设，乡村旅游发展以服务业为主，二者在产业发展上都是从单一的产业链向多产业融合发展，全面出击。产业融合需要创新、科学化，符合当地的实际情况，美丽乡村和乡村旅游的建设都在推动和刺激产业的发展，综合带动农村各方面的建设，促进乡村经济增长。

(3)环境优化整治。美丽乡村建设的重点内容是环境整治向生态宜居过渡，强调对乡村环境的保护和治理，美丽乡村优化环境又为乡村旅游发展提供了良好的环境背景，同时满足乡村旅游发展要求，二者对乡村根本治理都提出要求。"望得见山、看得见水、记得住乡愁"是美丽乡村建设的特色，符合乡村旅游发展对乡村环境的要求，牢固树立绿色发展的理念，充分尊重自然，尊重人文主体地位，采取切实有效的措施，加强乡村生态保护。

(4)优化致富手段。美丽乡村的目标是带领贫困乡村走上致富之路，引导乡村建设，而乡村旅游是乡村致富的手段之一，实质上都是在助力乡村发展，但是部分乡村缺乏内生动力，乡村旅游是活态的产业，美丽乡村与乡村旅游和谐发展，可以促进农村地区提高经济收入，促进农业增效、农民增收。

(5)提升形象品牌。乡村旅游可以通过营销宣传快速打入市场，快速提升乡村知名度，吸引游客，快速激活乡村业态，同时也有助于乡村形象品牌的树立，对美丽乡村建设起到积极的宣传作用，可以更好地吸引优秀人才、优秀企业、先进技术的进驻。

3.4.2 互相制约作用

(1)产业规划不协调。乡村的建设过于形式化，未考虑各产业结构协同发展，为了完成任务只注重短期利益。乡村旅游与美丽乡村的立足点不同，造成二者缺乏统筹规划，美丽乡村重建设轻规划，容易造成整体风貌不协调，或者建设同质化，最后变成了"政府工程"，没有因地制宜，对乡村旅游规划也容易造成影响，二者在建设上形成冲突，后期推进难度大。

(2)环境建设不协调。美丽乡村建设目前存在的问题是环境整治过于硬化、整体美感失调、提升有限，与旅游发展要求冲突，而且容易对现有乡村环境和资源造成破坏；同时建设中不科学、不合理的规划会对环境造成巨大影响。

(3)文化风貌不协调。城乡一体化没有合理建设易导致原乡风味的消失，过于注重现代化建设，忽视当地资源和文化保护，市区失去原乡风味，不利于文化的传承；同时，现在很多乡村旅游文化植入过于异类化，一味追求创新，植入过多、过于复杂的文化元素，没有考虑实际需求，造成文化风貌不协调。

(4)管理机制不协调。仅仅是政府指导，没有形成从上至下的管理机制，没有优秀的组织、人才带队，多数参与者比较被动，技术落后，缺乏长效机制；管理部门分工不明确，存在推责、不合作的情况。

(5)功能利益不协调。美丽乡村和乡村旅游的参与主体、服务对象不一样，政府主导，容易贪大求洋，整齐划一；企业主导，容易造成土地租赁纠纷，影响社会和谐稳定；农民主导，容易技术落后，造成规划混乱，所以参与主体各自为政，会造成乡村建设中功能不协调、利益分配不均等问题，对实现共同富裕是一个阻碍(图 3-2)。

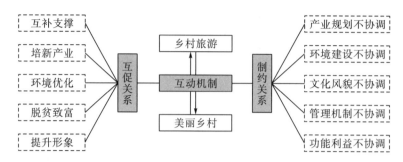

图 3-2　乡村旅游与美丽乡村互动作用表现框架图

3.5　小　　结

本章在分析乡村旅游与美丽乡村的内在联系及互动作用基础上，运用系统动力学和推拉理论梳理乡村旅游与美丽乡村的互动关系，构建了乡村旅游与美丽乡村互动机制概念模型，找出了二者发展的要素以及要素之间的主要因果关系，通过对其因果互动关系的梳理，更能客观地认识到乡村建设过程中的问题，为乡村科学发展提供基础前提。值得注意的是，乡村旅游和美丽乡村建设都是以促进乡村发展为目的，二者有着密不可分的联系，二者互动发展能更有效地促进乡村地区建设。这种互动关系既有正向的促进作用，又有负向的阻碍作用。在乡村建设实践中要扬长避短，避免二者因发展不协调对资源产生浪费和破坏。

第4章 乡村旅游与美丽乡村建设
耦合发展动力机制

4.1 理 论 基 础

乡村旅游与美丽乡村建设的耦合是以乡村旅游的发展带动人口、资本、物质等要素向乡村旅游依托地积聚和扩散，从而带动乡村建设不断发展的过程以及与旅游产业发展和活动联系不断加强的现象。乡村旅游的发展理念与美丽乡村建设目标在一定程度上追求一致，在此前提下，美丽乡村建设为乡村旅游发展提供优良环境、发展空间、服务人员、管理组织以及其他设施设备；乡村旅游的发展为美丽乡村建设解决乡村人口就业、乡村经济收入、乡村风貌保存等问题，二者相互依存、相互耦合、交叉渗透、协调发展。二者的耦合协调发展不仅可以推进美丽乡村建设、提升乡村环境质量、促进乡村文化传承与保护、健全乡村社会保障制度、推进农村现代化，还能实现乡村地区产业转型升级、吸收乡村剩余劳动力、促进乡村经济发展、带动农民致富增收，进而实现产业兴旺、生态宜居、乡风文明、治理有效、生活富裕，助力乡村振兴。

由此可知，乡村旅游与美丽乡村建设的耦合至少应包括发展理念和目标的融合、利用空间的耦合、资源要素的融合和组织管理的耦合四个方面。首先，乡村旅游和美丽乡村建设在发展理念和目标上具有耦合性，二者的最终目标都是改善人民的生活水平、提升环境质量、实现人民对美好生活的向往。其次，在地理空间上具有耦合性，乡村旅游发展的选址大都在城郊或者乡村地区，这些地区恰好是美丽乡村建设阵地，二者耦合不仅能优化乡村用地空间，还能提升土地利用价值，为乡村带来新的生命力。再次，二者在资源要素利用上具有耦合性，乡村旅游发展所需要的土地、水源、生态环境、文化、设备设施等，美丽乡村建设过程中同样需要，二者对资源要素的共同合理配置是促进地区节约化发展的前提。最后，二者在组织管理上具有耦合性：第一，在规划上，乡村旅游发展规划需要融合乡村建设规划，乡村建设规划设计要考虑到产业发展的规划，而产业选择上，乡村旅游产业成了优先产业，因此二者规划逐渐趋于一体化；第二，在人员、管理上，乡村旅游发展能够吸纳乡村劳动力，乡村居民在从事劳动生产的同时提供旅游服务；第三，乡村基层组织在管理乡村的同时成立合作社、公司等来管理乡村旅游产业，这样二者在人员、管理组织上同样具有较高的耦合性。

可见，乡村旅游发展和美丽乡村建设在目标追求、地理空间、资源要素和组织管理上的融合是一个协调转化的过程，在这个过程中，乡村的生态优势转化为可持续的经济发展优势，而这样的转化过程离不开动力机制的作用。

4.2　乡村旅游与美丽乡村建设耦合动力机制概念模型

联合国可持续发展委员会(Commission on Sustainable Development，CSD)在PSR概念模型①基础上提出驱动-状态-响应(driving-status-response，DSR)概念模型，该模型是以因果关系为基础，即来自人类活动、经济发展、竞争优劣势等的驱动力以改变系统原有的环境、经济、文化等状态，影响人类社会，应采取措施并对这些变化做出响应，进而改变系统状态，影响最初的驱动力。这突出了系统要素受到驱动力作用而产生相互影响的因果关系，驱动力、状态、响应三个环节相互制约、相互影响、协调促进，这正是乡村旅游发展和美丽乡村建设二者在乡村区域系统下相互作用的因果关系表现。因此，本书以DSR概念模型作为构建乡村旅游与美丽乡村建设耦合动力机制概念模型的基本框架(图4-1)：乡村旅游与美丽乡村在乡村区域系统内，来自乡村系统内部需求和外部压力的驱动(D)二者耦合，在耦合过程中表现出由集聚力和扩散力组成的集散机制、推动力和拉动力组成的市场机制以及促进力和引导力组成的调控机制，三大机制共同作用于二者耦合的状态(S)，在这种状态下乡村旅游系统和美丽乡村系统做出一定积极的行动反应(R)，从而推动二者更加耦合协调发展。

4.3　乡村旅游与美丽乡村建设耦合动力机制分析

4.3.1　驱动耦合

驱动(D)是指乡村在发展过程中面临的外部压力和内部需求构成乡村旅游发展和美丽乡村建设耦合的内生"双轮"，共同驱动乡村旅游和美丽乡村建设的耦合。一方面，2012年以后，党和国家的顶层设计把生态文明纳入国家发展战略，提出建设美丽中国的目标，在当前中国城镇化发展水平还不够高的情况下，美丽中国建设就离不开美丽乡村建设，再加上国家乡村振兴战略的实施，以及乡村振兴"十大重点工程"的推进，农村经济结构调整、产业升级成了重点要求，这也离不开农村产业的创新发展。乡村旅游作为后工业时代的重要发展方式，为乡村

---

① PSR概念模型于20世纪80年代末由经济合作与发展组织和联合国环境规划署共同提出，是用于研究资源利用、环境问题和可持续发展的模型。其中，P(pressure)指"压力"，即问题产生的原因；S(state)指"状态"，即问题当前情形；R(response)指"响应"，即解决问题的对策。PSR概念模型阐释了"压力-状态-响应"三重底线的因果互动联系。

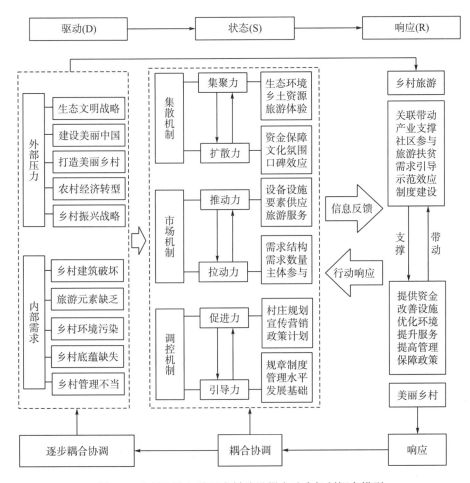

图 4-1　乡村旅游与美丽乡村建设耦合动力机制概念模型

地区发展提供了切实可行的路径选择，这是来自外部的压力。另一方面，随着各地美丽乡村建设工作的推进，相关问题逐步暴露。第一，原有的比较具有地域特色的古村落、古建筑、古遗址，在新村修建过程中其风貌、文化元素等遭到破坏，甚至毁灭；第二，美丽乡村建设过程中，更多地把精力放在了基础设施等硬件设施的建设上，整个美丽乡村建设在支持产业上缺乏整体规划，忽略了旅游元素，使得乡村在寻求"美丽"的过程中忽略了未来产业的支持，乡村经济的可持续发展丧失了产业基础；第三，部分乡村地区在发展过程中，遭到城市污染型企业、工厂的转移性投资建设，水体污染、土壤污染、空气污染、噪声污染、植被破坏等问题严重，乡村环境问题突出；第四，随着城镇化的推进，部分乡村丧失了原有的质朴、清新魅力，老龄化、空心化、商业化、城市化等问题较多，丧失了"乡愁"吸引力；第五，当前乡村青壮年劳动力大多外出务工，留守在村的以老人为主，乡村对大多年轻人的吸引力较低，因此，从事乡村建设和管理的专业人才缺乏，乡村投资及管理的政策制度落后，招商引资不理想，乡村建设资金匮乏，从而造成人才流失更加严重，陷入恶性循环。基于以上分析，建设美丽乡村、发展乡村旅游同样也是乡村内部取得新发展的需求。这样，外部压力和内部需求共同驱动了乡村旅游发展和美丽乡村建设的耦合，但通常这只是耦合的"萌芽"，来自内部要求、外部压力的驱动还未形成一定的影响。

4.3.2　耦合状态

由乡村内部需求和外部压力带来的多元素经过一定时间的催化，驱动多元耦合动力机制的形成，在耦合形成的动态过程中，内外部的多种力量共同作用于这一状态(S)，综合促进乡村旅游与美丽乡村耦合协调发展。基于乡村系统内"乡村旅游"和"美丽乡村"两大子系统，耦合动力可分解为如下六大力量、三大机制。

(1)集聚力和扩散力构成耦合的集散机制。一方面，在当前社会民众对高质量生态环境追求的大背景下，乡村休闲与体验成了部分都市居民的消费刚需，乡村区域特别是城郊生态环境得到保护或者修复，原汁原味的乡土风貌和生态美食对城市居民形成巨大吸引力，乡土资源在乡村居民和外来投资者的作用下得到科学有效的开发，形成一系列乡村旅游产品，极大地满足了市民的生态旅游体验需求，使得大量游客在节假日向乡村集聚，乡村旅游因此呈现集聚效应，具有了集聚力；另一方面，在政策引导下，发展乡村旅游和建设美丽乡村的资金支持和优惠政策越来越多，包括财政拨款、外来投资、社会捐赠等，营造美丽乡村文化氛围、开发成熟的乡村旅游产品逐步演变成乡村对外宣传的品牌，即口碑效应，美丽乡村因此具有了一定的对外扩散力。这样，美丽乡村对外扩散与乡村旅游对内集聚之间的良性互动，形成乡村旅游与美丽乡村建设耦合的集散机制。

(2)推动力和拉动力构成耦合的市场机制。一方面，在建设美丽乡村驱动作用下，乡村的道路系统得到完善，水利工程、电力电信工程、环卫工程逐步实施，基础设施设备日渐完善，包括餐饮、住宿、娱乐、购物等在内的接待供应要素也在多方支持下不断完善，再加上农村劳动力向旅游接待服务转型，综合素质随着社会开放也不断提升，这推动了美丽乡村建设的进程，增强了乡村的供应和服务能力，在乡村内部形成发展旅游的推动力，即与乡村旅游耦合的推动力。另一方面，随着乡村旅游发展和美丽乡村建设的不断推进，乡村旅游市场的需求结构也开始呈现多元化，包括乡村观光、乡村度假、乡村康养、乡村美食体验、乡村娱乐、乡村研学等需求，乡村旅游市场得到细分。同时，随着整体经济水平的发展，乡村旅游总体市场规模不断扩大，参与乡村旅游发展的主体也逐渐由社区居民、旅游者增加为投资者、管理者、服务工作者等，乡村旅游需求呈现强劲的势头。这一系列要素共同拉动乡村旅游发展和美丽乡村建设，构成耦合拉动力，与来自美丽乡村的推动力共同组成耦合的市场机制。

　　(3)促进力和引导力构成耦合的调控机制。一方面,随着乡村旅游发展,产业兴旺、生态宜居、乡风文明、治理有效、生活富裕等理念逐渐引起乡村基层组织、企业、协会、村民、外来投资者等单位和个人的重视,逐步制定包括村庄规划、产业规划、旅游规划等在内的相关规划,并且探索"多规合一"的方针路径。除此之外,积极开展乡村旅游宣传、营销促销等活动,并制定相关乡村旅游发展的政策计划对其形成保障,从而促进乡村旅游的全面发展,更好地支撑美丽乡村建设,因此,来自乡村旅游的促进力促进二者耦合。另一方面,随着乡村旅游产业发展和市场扩大,如市场混乱、不正当竞争、环境破坏等问题也开始暴露,因此,乡村应制定引导乡村旅游与美丽乡村建设的规章制度,引导管理人员和服务人员从多方面提升自身水平,抵制不良行为,保护环境,为乡村旅游发展提供良好基础。这种来自美丽乡村的引导力,与来自乡村旅游的促进力耦合形成乡村旅游与美丽乡村建设的调控机制。

4.3.3　响应耦合

　　乡村旅游与美丽乡村建设耦合状态的六大力量构成的三大机制在耦合发展过程中,对乡村旅游系统和美丽乡村系统传递信息,主要是二者在哪些资源要素、空间、人员、规划管理等方面能实现共享,哪些因素又影响二者的协调发展。两大系统对耦合协调信息采取积极的行动响应,即乡村旅游在发展过程中紧密结合美丽乡村建设,在关联带动、产业支撑、社区参与等方面带动美丽乡村建设;反之,美丽乡村建设过程中又考虑到美丽乡村发展的需要,在空间利用、资金提供、设施改善、环境优化、服务提升等方面与乡村旅游发展统一协调,这样对耦合协调形成一种积极响应(R)。这种响应产生的变化最终又通过耦合状态得到具体表现,从而促进乡村旅游与美丽乡村建设进一步耦合协调,达成驱动—状态—响应的良性循环。

4.4　乡村旅游与美丽乡村建设耦合作用的强度机制

　　耦合动力虽然主要在"状态"阶段集中呈现,但从驱动—状态—响应三个具体阶段进行详细剖析,其六大力量在不同阶段均有影响作用,并且随着力量的大小差异而表现出主导作用,这种力量的差异也就成了耦合类型形成的关键。六大力量在不同阶段的主导作用如图 4-2 所示。

4.4.1　驱动阶段

　　在乡村旅游与美丽乡村耦合的驱动阶段,乡村旅游发展和美丽乡村建设还处于内部需求和外部压力之下,耦合动力只处于催生萌芽阶段,其主导动力为集聚

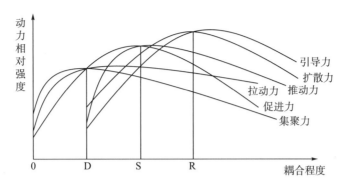

图 4-2   乡村旅游与美丽乡村建设耦合动力强度表现

注: 参照袁国宏的旅游动力级次发展模式图和夏正超的旅游小镇发展动力因果作用反馈机制图绘制。

力和拉动力: 乡村地区稀缺的乡土资源、生态环境、乡村体验、城市生活者对乡村生态环境的需求等要素成了主要的耦合动力, 这些要素把乡村旅游产业发展和乡村服务紧密结合。促进力成了辅助的耦合动力, 这个阶段部分乡村治理者已经意识到乡村旅游发展和乡村建设具有不可分割的关系, 进而在产业发展、环境保护等方面采取一定的措施引导二者协调推进。

4.4.2   状态阶段

经过驱动阶段的动力作用, 乡村旅游发展和美丽乡村建设开始在一些方面寻求协调, 比如, 交通设施开始改善、村庄的接待设施得到完善、旅游投资不断加大、乡村旅游发展和美丽乡村建设耦合动力进一步加强等。这个阶段, 其主要动力是推动力和促进力, 主要是设备设施的改进, 土地、水、电、燃气等要素的配备, 以及乡村旅游与美丽乡村的规划合一、地方政府或者组织开始制定统一的产业发展规划或计划, 为了取得更多收入, 开始做营销宣传工作。辅助动力是扩散力、集聚力、拉动力以及抑制力, 主要包括各项投资资金逐步到位, 旅游市场口碑效应开始出现, 企业和个人的参与把乡村旅游产业发展和区域美丽乡村建设紧密结合起来, 相关的规划、管理制度等政策措施也相应出台。这一系列因素形成强有力的耦合效应。

4.4.3   响应阶段

经过状态阶段的改进和发展, 乡村旅游与美丽乡村建设之间已经达到一定程度的耦合, 但是, 如果片面追求部分效益, 乡村旅游发展和美丽乡村建设可能会出现一系列负面效应, 如对资源的掠夺性开发、乡村生态环境遭到破坏、周边产业发展雷同、美丽乡村建设模仿痕迹过重、地方文化挖掘不够, 以及地方组织或者个人片面追求服务业而忽略农业、林业、渔业、畜牧业等产业发展造成乡村支柱产业缺失、乡村吸引力下降、旅游市场萎缩,在这样的情况下,引导力和扩散力就成了主要的耦合动力,地方政府和行业协会针对问题做出响应,制定规范化制度,引导产业健康发展,加大投资,鼓励创新性开发,地方企业和个人开始成立合作社,管理人员的管理水平得到提升,二者耦合动力得到加强。

4.4.4 耦合动力组合模式

驱动-状态-响应模式的乡村旅游和美丽乡村耦合机制反映出一般的耦合动力影响规律,但事实上,乡村往往是自然村或者建制村,具有历史性,乡村旅游的发展具有时代性。在实践过程中,集散机制、市场机制和调控机制包括的六大力量往往相互组合,各自主导乡村旅游和美丽乡村之间的耦合。

根据乡村旅游发展和美丽乡村建设过程,二者相互耦合存在以下 8 种强有力的动力组合模式。

(1)强集散、强市场、强调控动力模式。
(2)强集散、强市场、弱调控动力模式。
(3)强集散、弱市场、强调控动力模式。
(4)强集散、弱市场、弱调控动力模式。
(5)弱集散、强市场、强调控动力模式。
(6)弱集散、强市场、弱调控动力模式。
(7)弱集散、弱市场、强调控动力模式。
(8)弱集散、弱市场、弱调控动力模式。

这 8 种耦合动力组合模式根据实际条件、发展路径等要素的不同,需要选择不同的路径推进乡村旅游和美丽乡村建设耦合。

4.5 乡村旅游和美丽乡村耦合分类

根据对乡村旅游与美丽乡村建设耦合的动力系统、动力机制的分析,结合二者耦合的阶段特征和耦合动力的转变与组合,本书把乡村旅游与美丽乡村建设耦合形态分成自然耦合型、市场主导耦合型、政策主导耦合型、产业主导耦合型和逆向耦合型;乡村旅游与美丽乡村耦合可以根据其所处区域资源现状、产业水平、市场需求、组织管理等要素选择不同的协调发展路径(表 4-1)。

表 4-1　乡村旅游与美丽乡村建设耦合发展类型及协调路径选择

耦合类型	动力特征	路径选择	典型代表	案例
自然耦合型	强集散机制、强市场机制、强调控机制	注重环境保护；创新项目；延伸产业链；提升服务水平，营造良好的乡村氛围	集散型旅游村庄；旅游古村落	浙江省湖州市安吉县山川乡高家堂村
市场主导耦合型	强市场机制，集散机制和调控机制较弱	提升基础设施水平和服务水平，注重乡土文化挖掘和村庄文化氛围的打造	城市周边旅游村落	甘肃省天水市武山县鸳鸯镇盘古村
政策主导耦合型	强调控机制，市场机制和集散机制较弱	注重乡村文化的挖掘，加强市场营销拓展和招商引资，提升社区居民服务水平	旅游扶贫村；欠发达地区旅游村庄	四川省广元市苍溪县五龙镇三会村
产业主导耦合型	强集散机制，市场机制和调控机制较弱	加强组织管理，美丽乡村打造依托地方文化和乡村旅游产业，避免雷同	城郊地区；生态农业或者休闲农业园区周边	四川省彭州市龙门山镇宝山村
逆向耦合型	集散机制、市场机制和调控机制都比较弱	创新开发乡村旅游产业项目，走出差异化道路	普通田园、山村村落、大拆大建乡村	陕西省安康市平利县龙头村

4.5.1　自然耦合型

自然耦合型的乡村，一般表现为集散机制、市场机制和调控机制均比较强。乡村及周边区域旅游资源丰富，基础设施好，区域旅游发展水平较高，乡村旅游产业带动性很强，乡村建设在旅游业的引导下与旅游发展耦合，包括在乡村环境的打造、乡土资源的开发、乡村文化的挖掘、基层组织的构架、基本政策的制定等方面都与乡村旅游发展紧密结合。因此，自然耦合型主要存在于旅游村落、旅游古镇以及知名旅游景区的周边。对于这类乡村旅游与美丽乡村建设自然耦合的地区，吸引力强，投资价值大，旅游市场较好，外来企业投资的可能性也较大。但作为管理者来说，要在吸引投资的基础上，注重本地环境与文化的保护，做好可持续发展，要延伸整个乡村旅游发展的产业链，加强对美丽乡村的反哺，加强组织管理，提升服务水平，营造良好的乡村氛围，让更多的社区居民参与到产业发展和村庄改造中，调动村民的积极性，严防"旅游飞地"现象的出现。

浙江省湖州市安吉县山川乡高家堂村就是乡村旅游与美丽乡村自然耦合的典型代表，该村是浙江省第一批全面小康建设示范村。全村依托安吉县旅游产业发展基础好、周边旅游市场基础雄厚、基层管理规范等优势，打造生态无水公厕和生态景观水库、农民小公园，重点建设美丽乡村，重点扶持"夕阳红"乡村旅游生态经济，整个村落已经发展成为生态一流、经济发达、人与自然高度和谐的代表。

4.5.2　市场主导耦合型

这一类乡村旅游与美丽乡村建设的耦合类型表现为强市场机制，集散机制和调控机制较弱。主要是因为乡村的原始风貌、乡土人情、良好的生态环境等因素吸引了大批游客，但事实上当地乡村旅游业还未发展，走旅游发展道路的意识还很薄弱，乡村建设比较落后，特别是基础设施和服务还不能跟上旅游接待的需求，这种类型主要在大城市周边的一些村庄出现。乡村旅游者的到来开始催生社区居民有意识地进行乡村旅游产业打造和乡村建设，旅游者的需求引导着社区居民的投入方向和投入体量，乡村的整体打造逐步走向市场化。对于这一类耦合类型的地区，首先要加强基础设施建设，乡村旅游服务同时要跟上，乡村环境卫生要得到保证，但在进行改造的同时，要注重保留乡村原来的乡土氛围和气息，切忌大拆大建，严格保护生态环境，乡村旅游产业道路的选择要走差异化道路，保持独特的乡村面貌。

甘肃省天水市武山县鸳鸯镇盘古村就是这类耦合的典型代表，该村位于天水市西端，全村以养鱼为主，其村庄 400 亩河滩渗水地采用"台田养鱼"模式，进行池中养鱼、台田种草种树。近年来，由于其良好的乡村环境与生态垂钓活动受到周边市民的欢迎。整个村庄原以渔业为主，乡村旅游接待水平本身不高，但由于外来旅游者的涌入，村庄开始发展乡村旅游产业和建设美丽乡村，二者耦合发展，使得整个村成为全县乡村旅游示范基地。

4.5.3　政策主导耦合型

政策主导耦合型表现为强调控机制，市场机制和集散机制较弱，主要存在于欠发达地区的偏远乡村。为了改变贫困面貌实现农民脱贫，当地政府以地方生态环境、自然资源和原真的乡土文化为主要优势，以发展生态友好型的乡村旅游为出路，大力扶持乡村居民发展乡村旅游产业，并在乡村基础设施、乡村危房改建、乡村旅游服务培训等方面给予政策优惠和资金支持，希望通过乡村的打造改变当地居民的居住条件，通过乡村旅游产业发展提升居民的收入水平，并探索可持续发展路径，防止以牺牲环境为代价，同时也为控制返贫现象打下基础。对于以政策为主导的乡村地区，在乡村旅游和美丽乡村建设的耦合过程中，要继续注重乡村文化的挖掘和社区居民积极性的调动，要进一步加强市场营销拓展和招商引资，创新乡村旅游项目和产品，提升社区居民服务水平，让更多的个人参与到发展和建设中。

四川省广元市苍溪县五龙镇三会村就是政策主导扶贫发展现代农业推进乡村旅游与美丽乡村建设耦合的典型案例，该村原属于国家级贫困县苍溪县内一个贫困村(苍溪县已于 2020 年初脱贫摘帽，三会村已于 2017 年脱贫摘帽)，2017 年以来，全村以党建为引领，从农业供给侧结构性改革入手，指导发展红心猕猴桃、罗汉果等休闲农业产业，加强村里的"文脉"接续，提升乡村风貌改造和乡村建设治理，推动发展乡村旅游，探索出秦巴山区农村脱贫的新路子。

4.5.4　产业主导耦合型

产业主导耦合型主要表现为强集散机制，市场机制和调控机制较弱，乡村旅游产业发展基础较为雄厚，一般来说其休闲农业、渔业、畜牧业、林业等产业发展较好，吸引了大批乡村旅游者前往，由于旅游者的涌入，刺激了当地餐饮、住宿、娱乐等业态的兴起，从而带动当地进行美丽乡村的打造，包括改进基础设施、房屋改造、文化挖掘、产品打造等，这类耦合主要出现在城市郊区、生态农业或者休闲农业园区的周边地带。对于这类耦合，需要当地政府和行业组织加强组织管理，一方面要加强对地方旅游市场的监督和管理；另一方面，要引导美丽乡村的打造，乡村之间要注意呈现差异化，紧密结合地方文化和地方特色，与周边的产业发展相结合，避免雷同。

四川省彭州市龙门山镇宝山村开发宝山温泉、太阳湾景区、回龙沟景区、现代农业观光园区等，发展文化旅游产业，从而带动美丽乡村的建设，获得"中国特色旅游乡村""四川省乡村旅游示范村"等荣誉，成为乡村旅游发展和美丽乡村建设耦合协调的典型案例。

4.5.5　逆向耦合型

逆向耦合型的集散机制、市场机制和调控机制都比较弱，耦合的各种动力均不是很足，乡村旅游发展的基础薄弱、方向模糊，乡村建设比较落后或者采用激进方式大拆大建乡村房舍，但产业发展呈现疲软状态，地方政府和居民整体的积极性不高，乡村旅游发展和美丽乡村建设之间的耦合呈现逆向化，当前我国大多数村庄属于这一类型。对于这类地区来说，只要是谋求发展，不管是否选择走乡村旅游道路，也不管是否要进行乡村改造，都需要加强乡村生态环境保护，在进行产业道路选择和新兴项目引进时，要把环境保护放在首要位置，不能牺牲环境来取得发展，基层组织要坚定"绿水青山就是金山银山"的理念，追求优质发展道路，重视交通、食宿、民俗文化、产业结构等重要因素，定位准确，因地制宜，选择适合当地乡村发展的路径，打造具有自身特色的文化和体验环节，进而改变乡村整体面貌。

陕西省安康市平利县城关镇龙头村就是典型的逆向耦合型案例，龙头村的建设主导单位为政府，在短时间内村里就建起仿古一条街、秦楚农耕文化园、观光茶园等特色景观，基础设施和生活条件改善明显，"白壁、青瓦、马头墙、格子窗"的徽派民居建筑群与青山秀水的美景形成了典型的"美丽乡村"。但是在短暂风光后，龙头村便逐渐冷清，不仅旅游产业尚未做强，同时村上也未形成其他规模产业，农户们在土地流转后很难找到其他致富门路，且青壮年基本在外打工，乡村旅游与美丽乡村建设没有形成耦合效应。

4.6　小　　结

本章通过对乡村旅游和美丽乡村建设基本理论的讨论，发现乡村旅游与美丽乡村建设的耦合至少应包括发展理念和目标的融合、利用空间的耦合、资源要素的融合和组织管理的耦合四个方面，结合联合国可持续发展委员会(CSD)提出的驱动-状态-响应模型，构建了乡村旅游与美丽乡村建设耦合动力机制概念模型，在整个耦合的过程中，耦合动力主要由集散机制的集聚力和扩散力、市场机制的推动力和拉动力、调控机制的促进力和抑制力构成，三大机制的六大动力驱动了乡村旅游和美丽乡村建设的耦合。具体到三大阶段来看，驱动阶段的主导耦合动力是集散机制的集聚力和市场机制的拉动力，状态阶段的主导耦合动力是市场机制的推动力和调控机制的促进力，响应阶段的主导耦合动力是调控机制的抑制力和集散机制的扩散力。但乡村旅游和美丽乡村建设的耦合不是从零开始的，由于自然村或者建制村的历史性和乡村旅游发展的时代性，集散机制、市场机制和调控机制三大机制的六种力量往往相互组合，形成自然耦合型、市场主导耦合型、政策主导耦合型、产业主导耦合型和逆向耦合型五种主要的耦合动力类型，针对这些耦合动力类型需要选取有针对性的对策路径。

随着城市化的进一步推进和农村地区供给侧结构性改革的推动，乡村旅游 2.0 和美丽乡村 3.0 的时代已经到来，乡村地区经济发展迫切需要转型，乡村经济社会的结构性转变特别是一二三产业的融合发展使得乡村地区必然要走统一规划的道路，因此，乡村旅游与美丽乡村建设耦合协调路径是未来乡村发展的一个重要方向。如何提升二者的耦合动力，加快耦合进程，从而减少发展建设带来的负面效应，需要从二者之间的耦合机制入手。

(1)正确认识乡村资源、经济、人口、文化、环境、管理等要素，对乡村地区的发展现状进行全面的摸底调查，并结合区域规划发展方向，明确乡村旅游与美丽乡村建设二者耦合的驱动力。

(2)根据乡村旅游与美丽乡村建设所涉及的市场、集散与调控三大机制，分析二者耦合过程所处的阶段进程，明确乡村旅游和美丽乡村建设协同推进过程中的主导要素，研究其耦合动力机制。

(3)在耦合动力分析的基础上，找准促进二者耦合的主要机制和动力，评定耦合动力类型。

(4)在耦合动力类型评定的基础上，一方面，针对主要动力，进一步加强主要动力的维护和巩固，提升产业支撑作用，加强市场需求引导，突出示范效应，并制定相关政策制度，为耦合协调提供保障；另一方面，要分析优势和劣势，找准影响要素，规范政策体系，进一步优化环境，改善设备设施，提升管理与服务，增强耦合动力，解决乡村旅游与美丽乡村建设"两张皮"的问题，避免动力的不足和缺失，推动乡村旅游与美丽乡村建设的耦合协调发展。

第5章 评价指标体系及障碍因子诊断模型构建

5.1 协调度评价内涵

"协调发展"是指系统之间和系统内部各元素之间在相互开放的条件下，在相互依存、互相适应、良性循环的基础上，系统从无序到有序，由低级到高级的优化发展状态和过程。协调发展度简称协调度，是指系统之间或系统内部各要素之间多种关联关系和谐一致的程度。它是衡量系统协调状况好坏的定量指标，处于不断变化之中，表现为某一状态的值，目标是追求系统的整体最优化。

协调度可分为距离协调度和综合协调度两种类型。距离协调度的计算思路是通过测定系统之间的距离指标来判定系统间的相似性，并以系统的相似性指标作为系统的协调度。综合协调度的计算则比较关注系统间的合成，即子系统经过组合后会形成的状态，并在此基础上，计算合成后系统的综合协调度指标，以观察合成后状态的协调性。

5.2 乡村旅游与美丽乡村建设协调度评价指标体系

5.2.1 协调度建立评价指标体系的意义和依据

1. 构建意义

2012年11月8日，党的十八大报告首次提出把生态文明建设放在突出地位，融入经济建设、政治建设、文化建设、社会建设的各方面和全过程，努力建设美丽中国，而美丽中国的建设重点和难点在农村。2013年，中央一号文件提出要推进农村生态文明建设，努力建设美丽乡村。2017年10月18日，党的十九大报告提出"乡村振兴战略"。2018年，中央一号文件明确指出乡村旅游发展是实现乡村振兴、建设美丽乡村的重要抓手。因此，开展美丽乡村建设、发展乡村旅游，是贯彻落实党的十八大、党的十九大精神，实现全面建成小康社会目标的需要；是推进生态文明建设、实现永续发展的需要；是强化农业基础、推进农业现代化的需要；是优化公共资源配置、推动城乡发展一体化的需要。财政部、农业农村部等纷纷出台政策措施来推动美丽乡村建设和乡村旅游发展。2010 年 8 月，农业部、国家旅游局发布《农业部　国家旅游局关于开展全国休闲农业与乡村旅游示范县和全国休闲农业示范点创建活动的意见》（农企发〔2010〕2 号），目的是为加快休闲农业和乡村旅游发展，推进农业功能拓展、农业结构调整、社会主义新农村建设和促进农民增收，决定开展全国休闲农业与乡村旅游示范县和全国休闲农业示范点创建活动。2012 年，国务院农村综合改革工作小组发布的《关于开展农村综合改革示范试点工作的通知》（国农改〔2012〕12 号)中明确指出，应建立相关标准体系，做好建设、运行、维护、服务及评价等各环节的标准制定、实施与监督。农业部办公厅也于 2013 年初发布了《关于开展"美丽乡村"创建活动的意见》（农办科〔2013〕10 号）。2013 年 7 月，财政部发布了《关于发挥一事一议财政奖补作用推动美丽乡村建设试点的通知》（财农改〔2013〕3 号），决定将美丽乡村建设作为一事一议财政奖补工作的主攻方向，启动美丽乡村建设试点。2013年 11 月 5 日，国家标准化管理委员会与财政部联合发布了《关于开展农村综合改革标准化试点工作的通知》（国标委农联〔2013〕79 号），将福建、浙江、安徽等13 个省列为美丽乡村标准化试点，明确指出通过试点，要初步建立结构合理、层次分明、与当地经济社会发展水平相适应的标准体系，重要标准相对完善并得到有效实施，促进资源有效整合，形成以标准化支撑农村公共服务的长效机制，促进城乡公共服务均等化和城乡发展一体化。2018 年，《美丽乡村建设评价》（GB/T 37072—2018)出台，为美丽乡村进一步优化建设提供了指导。2022 年，中共中央办公厅、国务院办公厅印发《乡村建设行动实施方案》，进一步明确加强农村基础设施和公共服务体系建设，从乡村规划建设管理、数字乡村建设发展、农村人居环境整治提升、农村精神文明建设等方面建设宜居宜业美丽乡村，这为美丽乡村建设进行了具体指导。①

　　党的二十大报告明确指出，全面推进乡村振兴，坚持农业农村优先发展，巩固拓展脱贫攻坚成果，加快建设农业强国，扎实推动乡村产业、人才、文化、生态、组织振兴。发展乡村特色产业，拓宽农民增收致富渠道。统筹乡村基础设施和公共服务布局，建设宜居宜业和美乡村。这是乡村旅游发展和美丽乡村建设最新、最有力的指示。

　　从实践看，标准化是美丽乡村建设和乡村旅游发展的抓手和创新驱动力，从以往发布的标准和文件看，基本上是以单方面评价乡村旅游发展或者美丽乡村建设为主，缺乏对二者有机融合的评价。在乡村振兴战略背景下，如何有效地把乡村旅游和美丽乡村建设进行融合，特别是对二者融合发展的程度、成效等做出科学评价，检验总结这一阶段中美丽乡村建设和乡村旅游发展融合的情况，对引导和推进美丽乡村建设与乡村旅游融合的深入开展具有重要意义。

---

① 中华人民共和国中央人民政府. 中共中央办公厅　国务院办公厅印发《乡村建设行动实施方案》[EB/OL]. [2022-05-23]. http://www.gov.cn/zhengce/2022-05/23/content_5691881.htm.

本书将 DSR 概念模型运用到乡村旅游与美丽乡村建设耦合协调度评价的定量研究中,从乡村经济发展和环境改善压力、协调现状及推进治理响应三方面反映乡村旅游与美丽乡村建设的协调水平,为二者耦合协调度评价和障碍因子识别提供了实现的可能性。

2. 构建依据

按照国家及地方关于乡村旅游与乡村振兴的文件、标准、规划构建指标体系,构建依据见表 5-1。

表 5-1　乡村旅游与美丽乡村建设"协调度"评价指标体系构建依据

序号	文件名	颁布机构	颁布时间	查询网址
1	《美丽乡村建设评价》(GB/T 37072—2018)	国家市场监督管理总局、中国国家标准化管理委员会	2018-12-28	http://www.nssi.org.cn/nssi/front/108813470.html
2	《国家级生态村创建标准(试行)》(环发〔2006〕192 号)	国家环保总局	2006-12-05	https://www.mee.gov.cn/gkml/zj/wj/200910/t20091022_172434.htm
3	《国家生态文明建设示范村镇指标(试行)》(环发〔2014〕12 号)	环境保护部	2014-01-17	https://www.mee.gov.cn/gkml/hbb/bwj/201401/t20140126_266962.htm
4	《传统村落评价认定指标体系(试行)》(建村〔2012〕125 号)	住房和城乡建设部、文化部、国家文物局、财政部	2012-08-22	https://www.mohurd.gov.cn/gongkai/fdzdgknr/tzgg/201208/20120831_211267.html
5	《新时代美丽乡村建设规范》(DB33/T 912—2019)	浙江省标准化研究院	2019-7-9	http://www.zis.org.cn/print.aspx?id=3610.
6	《美丽乡村建设指南》(GB/T 32000—2015)	国家质量监督检验检疫总局、中国国家标准化管理委员会	2015-04-29	http://www.nssi.org.cn/nssi/front/87848276.html
7	《农业部　国家旅游局关于继续开展全国休闲农业与乡村旅游示范县和示范点创建活动的通知》(农企发〔2013〕1 号)	农业部、国家旅游局	2013-03-02	http://www.moa.gov.cn/nybgb/2013/dsiq/201805/t20180505_6141428.htm
8	《乡村振兴战略规划(2018—2022 年)》	中共中央、国务院	2018-09-26	http://www.moa.gov.cn/xw/zwdt/201809/t20180926_6159028.htm

3. 构建原则

(1)指标简洁、系统,有代表性。

(2)指标可操作、可量化,各区域之间具有可比性。

(3)指标选择与政策目标相联系。

(4)指标体系与乡村旅游示范县评定、国家环境质量标准相联系。

(5)基于建档的现有数据,或者以合理成本可获得的数据(有效成本),并且可以定期更新。

5.2.2 评价指标体系框架设计

1. 指标体系框架

乡村旅游与美丽乡村建设协调度的研究是一个复杂而庞大的系统工程，涉及的因素多，关系复杂，仅研究的指标就有客观指标和主观评价指标、定性指标与定量指标之分，调查的对象既涉及旅游地居民，还涉及游客、当地政府、专家等。本着科学性、相对独立性、代表性、可衡量性等原则，本书研究团队参考《农业部　国家旅游局关于开展全国休闲农业与乡村旅游示范县和全国休闲农业示范点创建活动的意见》《美丽乡村建设指南》以及国内外学者相关研究成果，初步考虑从以下五个方面开展研究。

(1)产业协调。产业协调是乡村旅游发展与美丽乡村建设协调的基础，可以从乡村集体经济收入增长率、乡村旅游收入占财政收入的比例、农村居民人均纯收入、特色产业和"特色业态"发展状况、农村产业结构调整、家庭总收入等指标进行衡量。

(2)环境协调。乡村生产、生活、生态的协调是环境协调的重要组成部分，可以从特色风貌治理状况、农村基础设施建设、村寨环境卫生状况、旅游设施与当地民族文化背景的协调性、农业大地景观与村寨风貌的协调性等指标去衡量。

(3)功能协调。可以从农民返乡创业率、乡村旅游就业比例、农民就业渠道、农村公共服务水平、养生养老状况、居民对待游客的态度等指标去衡量。

(4)文化协调。乡村文化传承是文化协调的重要体现，可以从乡村传统文化的保护、居民生活形态的原真性、传统文化与现代文化的融合度、居民对乡村旅游的支持率、居民对乡村的认同感(或归属感)等指标去衡量。

(5)管理协调。乡村基础治理体系的创新是管理协调的重要途径，可从居民满意度调查、社区长效管理机制、游客满意度测评、旅游收入的利益分配等指标去衡量。

2. 指标体系构建理论设计

相关评价指标的筛选和指标体系的构建还没有一个统一的方法(沈珍瑶和杨志峰，2002)，目前可供指标筛选的方法主要有专家打分法、因子分析法、相关系数法等。本书针对的是美丽乡村建设与乡村旅游二者耦合度评价(何成军　等，2019a)，具有一定的特殊性，因此首先确定其大体研究框架，如图5-1所示。

在充分借鉴休闲农业理论研究和标准体系以及《美丽乡村建设指南》等基础性研究成果的基础上，选取相应的指标，建立预选指标体系A_0。这是构建评价指标体系的第一步，选择性质比较主观，主要侧重指标选取的全面性。

第二步是初步筛选，选择德尔菲法，通过设计调查问卷，对每个指标设定不合格、合格和良好三个等级，然后请乡村旅游和美丽乡村两大领域的资深专家和实践者完成调查问卷，对理论性的指标体系进行评价，最后通过问卷分析，借助模糊综合评价法，计算出各指标对某一评语的隶属度，从而完成第一次筛选工作。此项工作虽然具有一定的主观性，但由于专家在该方面具有一定的知识和经验，集成多数专家的意见可以化主观为客观，删除一些不能较好地反映任务特性的评价指标（白雪梅，1998），形成指标体系 A_1。

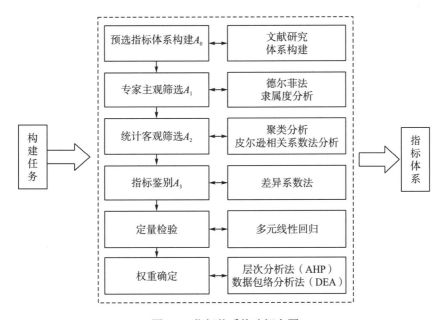

图 5-1　指标体系构建概念图

第三步是客观筛选，首先对原始数据进行标准化处理，主要运用指标正向化和无纲化方法，逆向指标采用倒数变换法。如式（5-1）和式（5-2）：

$$X^* = 1/X' \tag{5-1}$$
$$X = (X^* - \min X')/(X^* - \max X^*) \tag{5-2}$$

式中，X^* 表示正向化指标；X' 表示逆向指标原始值；X 表示归一化后的指标数值；$\min X^*$ 表示该指标区域各评价个体的最小值；$\max X^*$ 表示该指标区域各评价个体的最大值。然后对原始数据进行 R 型聚类，基于 R 型聚类结果，对自成一类的指标进行保留，对非自成一类的指标做进一步处理。最后，从非自成一类的指标中选出处于同一最小分类组的指标用皮尔逊相关系数法进行相关性分析，计算公式为

$$R_{ij} = \frac{\sum_{k=1}^{n}(X_{ki} - \bar{X}_i)(X_{kj} - \bar{X}_j)}{\sum_{k=1}^{n}(X_{ki} - \bar{X}_i)^2(X_{kj} - \bar{X}_j)^2} \tag{5-3}$$

式中，$i=1,2,\cdots,n$; $j=1,2,\cdots,m$; $i \neq j$。规定一个临界点值 $M(0<M<1)$，如果 $R_{ij} > M$，则删除其中一个指标；如果 $R_{ij} < M$，则同时保留两个指标。完成统计筛选以后得到新的指标体系 A_2。

第四步是指标鉴别力评价，在实际应用中，主要采用变差系数 V 来表述，计算公式如式 (5-4) 所示。变差系数越高，则说明各评价样本在该评价指标上的差异性越大，当 $V=0$ 或者很小时，表示对应的指标对评价目标序位不产生影响，即该指标鉴别力低，可以删除 (王颜齐 等，2009)，所以得到新的指标体系 A_3。

$$V_i = \frac{\sqrt{\dfrac{1}{n-1}\sum_{k=1}^{n}(X_{ki} - \bar{X}_i)^2}}{\dfrac{1}{n}\sum_{k=1}^{n}X_{ki}} \tag{5-4}$$

最后，在前三轮的指标筛选过程中，删除了一部分指标，为避免过失性删除的可能性，并保证新指标的高度代表性和广泛的包容性，所以需要进行多元线性回归定量检验。假设被删除的系列指标为因变量 F，保留的指标为自变量 G，二者之间的回归关系可用线性函数来近似反映，多元线性回归模型的函数为

$$F = \beta_0 + \beta_1 G_1 + \beta_2 G_2 + \cdots + \beta_m G_m + C \tag{5-5}$$

式中，$\beta_i (i=0,1,2,\cdots,m)$ 代表多元线性回归模型的回归系数；C 代表各种随机因素对 F 的影响的总和，称为随机误差项，且服从正态分布。对估计得到的若干方程进行相关性检验，主要检验复相关系数 R，如果 R 较大，则因变量 F 与自变量 G 之间的线性相关度较高，已经保留的指标能够更好地代表被删除的指标。反之，如果 R 较小，则要重新考虑因变量 F 是否要重新采纳新指标。

5.2.3 评价指标体系构建

1. 预选指标体系构建

参考《农业部 国家旅游局关于开展全国休闲农业与乡村旅游示范县和全国休闲农业示范点创建活动的意见》《美丽乡村建设指南》《美丽乡村建设评价》以及国内外学者相关研究成果，从目标层、准则层、要素层、指标层四个层次构建指标体系。目标层为乡村旅游与美丽乡村协调度。准则层根据乡村旅游与美丽乡村建设之间的耦合动力关系即影响要素划分，驱动主要由经济和环境因素构成，状态主要由社会和文化因素构成，响应主要由管理因素构成。因此，要素层包括经济协调度、环境协调度、社会协调度、文化协调度和管理协调度。指标层选取

了 49 个指标因子，构建了基于 DSR 概念模型的乡村旅游与美丽乡村建设耦合协调度评价预选指标体系(表 5-2)。

表 5-2　乡村旅游与美丽乡村建设协调度评价预选指标体系

目标层	准则层	要素层	指标	量纲	效态	备注
协调度 A	驱动 B_1	经济协调度 C_1	乡村旅游总收入 X_1	万元	+	
			乡村旅游收入占 GDP(村集体经济)的比例 X_2	%	+	
			乡村旅游人均纯收入 X_3	元	+	
			乡村旅游总收入年增长率 X_4	%	+	
			乡村旅游总人次 X_5	万人次	+	
			乡村旅游总人次年增长率 X_6	%	+	
			乡村旅游收入占新型农业经营主体经济收入比重 X_7	%	+	
			农村居民消费价格指数 X_8		–	
			农村居民人均可支配收入 X_9	元	+	
		环境协调度 C_2	植被覆盖率 X_{10}	%	+	
			农村卫生厕所普及率 X_{11}	%	+	
			乡村旅游经营点污水处理率 X_{12}	%	+	
			生活垃圾无害化处理率 X_{13}	%	+	
			乡村景观与乡村产业布局的协调率 X_{14}	%	+	
			安全饮用水覆盖率 X_{15}	%	+	
			村庄整治率 X_{16}	%	+	
			乡村旅游服务设施占公共服务设施比重(村级活动服务场地)X_{17}	%	+	
			清洁能源普及率 X_{18}	%	+	
			旧房改造率 X_{19}	%	+	
			乡村道路硬化率 X_{20}	%	+	
	状态 B_2	社会协调度 C_3	乡土民居保护及综合利用率 X_{21}	%	+	
			农民返乡创业率 X_{22}	%	+	
			农村低保覆盖率 X_{23}	%	–	
			公共服务设施投入年增长率 X_{24}	%	+	
			乡村旅游就业人数占总人数比重 X_{25}	%	+	
			农村居民人均住房面积 X_{26}	m^2	+	
			新型城乡合作医疗参加率 X_{27}	%	+	
			农村每百户拥有家用汽车数 X_{28}	辆	+	

目标层	准则层	要素层	指标	量纲	效态	备注
协调度 A	状态 B_2	社会协调度 C_3	乡村旅游从业人员参与培训率 X_{29}	%	+	
			低收入人口依托乡村旅游发展增收、致富所占比重 X_{30}	%	+	
		文化协调度 C_4	乡土文化原真性保护及开发率 X_{31}	%	+	
			农村风貌改造率 X_{32}	%	+	
			居民文化程度 X_{33}		+	
			村民对乡村文化有强烈认同感比重 X_{34}	%	+	
			新建农村文化礼堂 X_{35}		+	
			在建历史文化村落保护利用重点村 X_{36}		+	
			学前三年毛入园率 X_{37}	%	+	
			九年义务教育入学率 X_{38}	%	+	
			乡村景观与农村建筑的协调率 X_{39}	%	+	
			农土特产品开发率 X_{40}	%	+	
	响应 B_3	管理协调度 C_5	村庄规划编制及执行率 X_{41}	%	+	
			标准化生产普及率 X_{42}	%	+	
			村民自治参与度 X_{43}	%	+	
			社区居民满意度 X_{44}	%	+	
			基层村级民主参选率 X_{45}	%	+	
			乡镇集中审批和便民服务覆盖率 X_{46}	%	+	
			农村社会治安状况满意度 X_{47}	%	+	
			游客满意度 X_{48}	%	+	
			乡村智慧旅游普及度 X_{49}	%	+	

注："+"代表正向指标，"−"代表负向指标，空白表示无量纲。

2. 指标体系主观筛选

指标体系的主观筛选采用的是设计问卷请专家筛选的方式。本次调查对每个指标设不合格、合格和良好三个等级，向 28 位乡村旅游和美丽乡村研究领域的专家、高校教师、地方政府官员和企业经营者发放调查问卷，回收问卷 28 份，有效问卷 28 份，回收率和有效率均为 100%。对于问卷的分析，采用模糊综合评价法。设 W 为一个论域，X_i 为第 i 个预选指标，$U^* = \{$确切的乡村旅游与美丽乡村耦合度评价指标$\}$ 为 W 的一个子集，$V = \{$不合格，合格，良好$\}$ 为评语等级的论域，其对应的模糊子集分别为 H_1、H_2、H_3，调查问卷见附录。对于一位专家来说，U^* 对应了一个模糊集合 $U = \{$确切的乡村旅游与美丽乡村耦合度评价指标$\}$，X_1 对 U 的隶属度表示为 $u_H(X_1) = \lim(X_1 \in U^*$ 的次数$/n)$，其中 n 为调查问卷的份数。$u_H(X_1)$

会随着 n 的增大而趋于[0，1]的一个稳定数，这个稳定数就是 X_1 对 U 的隶属度。通过问卷分析，最终删除了对 H_1 隶属度较大的村庄整治率 X_{16}、新型城乡合作医疗参加率 X_{27}、农村每百户拥有家用汽车数 X_{28}、新建农村文化礼堂 X_{35}、学前三年毛入园率 X_{37}、基层村级民主参选率 X_{45} 和农村社会治安状况满意度 X_{47}，它们的隶属度分别为 0.556、0.579、0.606、0.542、0.533、0.549、0.614。主观筛选后的指标体系见表 5-3。

表 5-3　乡村旅游与美丽乡村建设协调度评价主观筛选指标体系

目标层	准则层	要素层	指标	量纲	效态	备注
协调度 A	驱动 B_1	经济协调度 C_1	乡村旅游总收入 X_1	万元	+	
			乡村旅游收入占 GDP(村集体经济)的比例 X_2	%	+	
			乡村旅游人均纯收入 X_3	元	+	
			乡村旅游总收入年增长率 X_4	%	+	
			乡村旅游总人次 X_5	万人次	+	
			乡村旅游总人次年增长率 X_6	%	+	
			乡村旅游收入占新型农业经营主体经济收入比重 X_7	%	+	
			农村居民消费价格指数 X_8			
			农村居民人均可支配收入 X_9	元	+	
		环境协调度 C_2	植被覆盖率 X_{10}	%	+	
			农村卫生厕所普及率 X_{11}	%	+	
			乡村旅游经营点污水处理率 X_{12}	%	+	
			生活垃圾无害化处理率 X_{13}	%	+	
			乡村景观与乡村产业布局的协调率 X_{14}	%	+	
			安全饮用水覆盖率 X_{15}	%	+	
			乡村旅游服务设施占公共服务设施比重(村级活动服务场地)X_{17}	%	+	
			清洁能源普及率 X_{18}	%	+	
			旧房改造率 X_{19}	%	+	
			乡村道路硬化率 X_{20}	%	+	
	状态 B_2	社会协调度 C_3	乡土民居保护及综合利用率 X_{21}	%	+	
			农民返乡创业率 X_{22}	%	+	
			农村低保覆盖率 X_{23}	%	−	
			公共服务设施投入年增长率 X_{24}	%	+	
			乡村旅游就业人数占总人数比重 X_{25}	%	+	
			农村居民人均住房面积 X_{26}	m^2	+	

目标层	准则层	要素层	指标	量纲	效态	备注
协调度 A	状态 B_2	社会协调度 C_3	乡村旅游从业人员参与培训率 X_{29}	%	+	
			低收入人口依托乡村旅游发展增收、致富所占比重 X_{30}	%	+	
		文化协调度 C_4	乡土文化原真性保护及开发率 X_{31}	%	+	
			农村风貌改造率 X_{32}	%	+	
			居民文化程度 X_{33}		+	
			村民对乡村文化有强烈认同感比重 X_{34}	%	+	
			在建历史文化村落保护利用重点村 X_{36}		+	
			九年义务教育入学率 X_{38}	%	+	
			乡村景观与农村建筑的协调率 X_{39}	%	+	
			农土特产品开发率 X_{40}	%	+	
	响应 B_3	管理协调度 C_5	村庄规划编制及执行率 X_{41}	%	+	
			标准化生产普及率 X_{42}	%	+	
			村民自治参与度 X_{43}	%	+	
			社区居民满意度 X_{44}	%	+	
			乡镇集中审批和便民服务覆盖面 X_{46}	%	+	
			游客满意度 X_{48}	%	+	
			乡村智慧旅游普及度 X_{49}	%	+	

注："+"代表正向指标，"-"代表负向指标，空白表示无量纲。

3. 指标体系统计筛选

对上一轮保留的 42 个指标进行 R 型聚类分析，结果见表 5-4。42 个指标共分成了六类，其中 X_2、X_5、X_7、X_9、X_{10}、X_{11}、X_{12}、X_{14}、X_{17}、X_{22}、X_{29}、X_{31}、X_{39}、X_{40}、X_{49} 单独成一类，所以予以保留直接进入下一步鉴别。余下的六类用皮尔逊检验法，设置临界值 M 为 0.85，检验结果见表 5-5。检验后确定删除的指标有乡村旅游人均纯收入 X_3、在建历史文化村落保护利用重点村 X_{36}、九年义务教育入学率 X_{38}、乡镇集中审批和便民服务覆盖面 X_{46}，统计筛选后的指标体系见表 5-6。

表 5-4　指标的聚类分析

分类	第一类	第二类	第三类	第四类	第五类	第六类	单独成类
指标	X_1	X_6	X_{13}	X_{21}	X_{32}	X_{41}	X_2、X_5、X_7、X_9、X_{10}、X_{11}、
	X_3	X_8	X_{15}	X_{23}	X_{33}	X_{42}	X_{12}、X_{14}、X_{17}、X_{22}、
	X_4		X_{18}	X_{24}	X_{34}	X_{43}	X_{29}、X_{31}、X_{39}、
			X_{19}	X_{25}	X_{36}	X_{44}	X_{40}、X_{49}
			X_{20}	X_{26}	X_{38}	X_{46}	
				X_{30}		X_{48}	

表 5-5　指标相关性分析

编号	预选指标	相关系数	处理办法
1	乡村旅游总收入 X_1 与乡村旅游人均纯收入 X_3	0.899	删除 X_3（乡村旅游总收入能更好地反映乡村旅游发展情况）
2	乡村旅游总收入 X_1 与乡村旅游总收入年增长率 X_4	0.567	均保留
3	乡村旅游总人次年增长率 X_6 与农村居民消费价格指数 X_8	0.774	均保留
4	生活垃圾无害化处理率 X_{13} 与安全饮用水覆盖率 X_{15}	0.847	均保留
5	清洁能源普及率 X_{18} 与乡村道路硬化率 X_{20}	0.568	均保留
6	清洁能源普及率 X_{18} 与旧房改造率 X_{19}	0.679	均保留
7	乡土民居保护及综合利用率 X_{21} 与农村低保覆盖率 X_{23}	0.634	均保留
8	公共服务设施投入年增长率 X_{24} 与乡村旅游就业人数占总人数比重 X_{25}	0.591	均保留
9	农村居民人均住房面积 X_{26} 与低收入人口依托乡村旅游发展增收、致富所占比重 X_{30}	0.809	均保留
10	农村卫生厕所普及率 X_{21} 与人均文化活动场所面积 X_{31}	0.809	均保留
11	农村风貌改造率 X_{32} 与居民文化程度 X_{33}		均保留
12	村民对乡村文化有强烈认同感比重 X_{34} 与在建历史文化村落保护利用重点村 X_{36}	0.876	删除 X_{36}（局限性强）
13	村民对乡村文化有强烈认同感比重 X_{34} 与九年义务教育入学率 X_{38}	0.859	删除 X_{38}（整体普及高）
14	村庄规划编制及执行率 X_{41} 与标准化生产普及率 X_{42}	0.765	均保留
15	社区居民满意度 X_{44} 与乡镇集中审批和便民服务覆盖面 X_{46}	0.865	删除 X_{46}（X_{44} 涵盖 X_{46}）
16	村民自治参与度 X_{43} 与游客满意度 X_{48}	0.709	均保留

表 5-6　乡村旅游与美丽乡村建设协调度评价统计筛选指标体系

目标层	准则层	要素层	指标	量纲	效态	备注
协调度 A	驱动 B_1	经济协调度 C_1	乡村旅游总收入 X_1	万元	+	
			乡村旅游收入占 GDP（村集体经济）的比例 X_2	%	+	
			乡村旅游总收入年增长率 X_4	%	+	
			乡村旅游总人次 X_5	万人次	+	
			乡村旅游总人次年增长率 X_6	%	+	
			乡村旅游收入占新型农业经营主体经济收入比重 X_7	%	+	
			农村居民消费价格指数 X_8		-	
			农村居民人均可支配收入 X_9	元	+	

目标层	准则层	要素层	指标	量纲	效态	备注
协调度 A	驱动 B₁	环境协调度 C₂	植被覆盖率 X_{10}	%	+	
			农村卫生厕所普及率 X_{11}	%	+	
			乡村旅游经营点污水处理率 X_{12}	%	+	
			生活垃圾无害化处理率 X_{13}	%	+	
			乡村景观与乡村产业布局的协调率 X_{14}	%	+	
			安全饮用水覆盖率 X_{15}	%	+	
			乡村旅游服务设施占公共服务设施比重(村级活动服务场地) X_{17}	%	+	
			清洁能源普及率 X_{18}	%	+	
			旧房改造率 X_{19}	%	+	
			乡村道路硬化率 X_{20}	%	+	
	状态 B₂	社会协调度 C₃	乡土民居保护及综合利用率 X_{21}	%	+	
			农民返乡创业率 X_{22}	%	+	
			农村低保覆盖率 X_{23}	%	−	
			公共服务设施投入年增长率 X_{24}	%	+	
			乡村旅游就业人数占总人数比重 X_{25}	%	+	
			农村居民人均住房面积 X_{26}	m²	+	
			乡村旅游从业人员参与培训率 X_{29}	%	+	
			低收入人口依托乡村旅游发展增收、致富所占比重 X_{30}	%	+	
		文化协调度 C₄	乡土文化原真性保护及开发率 X_{31}	%	+	
			农村风貌改造率 X_{32}	%	+	
			居民文化程度 X_{33}		+	
			村民对乡村文化有强烈认同感比重 X_{34}	%	+	
			乡村景观与农村建筑的协调率 X_{39}	%	+	
			农土特产品开发率 X_{40}	%	+	
	响应 B₃	管理协调度 C₅	村庄规划编制及执行率 X_{41}	%	+	
			标准化生产普及率 X_{42}	%	+	
			村民自治参与度 X_{43}	%	+	
			社区居民满意度 X_{44}	%	+	
			游客满意度 X_{48}	%	+	
			乡村智慧旅游普及度 X_{49}	%	+	

注:"+"代表正向指标,"−"代表负向指标,空白表示无量纲。

4. 指标体系鉴别分析

计算余下 38 个指标的差异系数，结果见表 5-7。考虑到最终指标体系的简洁性，设置差异系数的界值为 0.05，变异系数小于 0.05 的指标删除，最终删除的是农村居民消费价格指数 X_8、安全饮用水覆盖率 X_{15}、旧房改造率 X_{19}、公共服务设施投入年增长率 X_{24}、农村居民人均住房面积 X_{26}、游客满意度 X_{48}，鉴别分析后的指标体系见表 5-8。

表 5-7　指标的差异系数

指标	X_1	X_2	X_4	X_5	X_6	X_7	X_8	X_9	X_{10}	X_{11}	X_{12}
差异系数	0.244	0.054	0.089	0.051	0.078	0.063	0.047	0.056	0.069	0.098	0.054
指标	X_{13}	X_{14}	X_{15}	X_{17}	X_{18}	X_{19}	X_{20}	X_{21}	X_{22}	X_{23}	X_{24}
差异系数	0.064	0.077	0.033	0.191	0.052	0.049	0.077	0.069	0.119	0.067	0.043
指标	X_{25}	X_{26}	X_{29}	X_{30}	X_{31}	X_{32}	X_{33}	X_{34}	X_{39}	X_{40}	X_{41}
差异系数	0.514	0.037	0.533	0.691	0.622	0.149	0.107	0.107	0.107	0.057	0.058
指标	X_{42}	X_{43}	X_{44}	X_{48}	X_{49}						
差异系数	0.061	0.074	0.086	0.048	0.075						

表 5-8　乡村旅游与美丽乡村建设协调度评价鉴别分析指标体系

目标层	准则层	要素层	指标	量纲	效态	备注
协调度 A	驱动 B_1	经济协调度 C_1	乡村旅游总收入 X_1	万元	+	
			乡村旅游收入占 GDP（村集体经济）的比例 X_2	%	+	
			乡村旅游总收入年增长率 X_4	%	+	
			乡村旅游总人次 X_5	万人次	+	
			乡村旅游总人次年增长率 X_6	%	+	
			乡村旅游收入占新型农业经营主体经济收入比重 X_7	%	+	
			农村居民人均可支配收入 X_9	元	+	
		环境协调度 C_2	植被覆盖率 X_{10}	%	+	
			农村卫生厕所普及率 X_{11}	%	+	
			乡村旅游经营点污水处理率 X_{12}	%	+	
			生活垃圾无害化处理率 X_{13}	%	+	
			乡村景观与乡村产业布局的协调率 X_{14}	%	+	
			乡村旅游服务设施占公共服务设施比重（村级活动服务场地）X_{17}	%	+	
			清洁能源普及率 X_{18}	%	+	
			乡村道路硬化率 X_{20}	%	+	

目标层	准则层	要素层	指标	量纲	效态	备注
协调度 A	状态 B_2	社会协调度 C_3	乡土民居保护及综合利用率 X_{21}	%	+	
			农民返乡创业率 X_{22}	%	+	
			农村低保覆盖率 X_{23}	%	−	
			乡村旅游就业人数占总人数比重 X_{25}	%	+	
			乡村旅游从业人员参与培训率 X_{29}	%	+	
			低收入人口依托乡村旅游发展增收、致富所占比重 X_{30}	%	+	
		文化协调度 C_4	乡土文化原真性保护及开发率 X_{31}	%	+	
			农村风貌改造率 X_{32}	%	+	
			居民文化程度 X_{33}		+	
			村民对乡村文化有强烈认同感比重 X_{34}	%	+	
			乡村景观与农村建筑的协调率 X_{39}	%	+	
			农土特产品开发率 X_{40}	%	+	
	响应 B_3	管理协调度 C_5	村庄规划编制及执行率 X_{41}	%	+	
			标准化生产普及率 X_{42}	%	+	
			村民自治参与度 X_{43}	%	+	
			社区居民满意度 X_{44}	%	+	
			乡村智慧旅游普及度 X_{49}	%	+	

注："+"代表正向指标，"−"代表负向指标，空白表示无量纲。

5. 指标体系定量检验

为了排除从预选指标中误删指标的可能性，保证最终各指标信息的包含量，对主观筛选、统计筛选和指标鉴别删除的 17 个指标(表 5-9)进行检验。以被删的指标作为因变量，从被保留的 32 个指标中选出相关指标作为自变量进行多元线性回归。结果显示，分别以公共服务设施投入年增长率 X_{24} 和游客满意度 X_{48} 作为因变量回归得到的线性方程复相关系数 R 较小，说明这两个指标被删除后的乡村旅游与美丽乡村耦合度评价指标体系不能有效反映乡村旅游与美丽乡村在生产方式和经济收入方面的耦合协调性，所以最终将这两个指标还原到指标体系中。而其他被删除的指标作为因变量回归得到的线性方程的复相关系数较大，证明保留的指标能够反映被删除指标所涵盖的信息，故不予还原。最终的指标体系见表 5-10。

表 5-9   被删除的 17 个指标

目标层	准则层	要素层	指标	量纲	效态	备注
协调度 A	驱动 B_1	经济协调度 C_1	乡村旅游人均纯收入 X_3	元	+	
			农村居民消费价格指数 X_8		−	
		环境协调度 C_2	安全饮用水覆盖率 X_{15}	%	+	
			村庄整治率 X_{16}	%	+	
			旧房改造率 X_{19}	%	+	
	状态 B_2	社会协调度 C_3	公共服务设施投入年增长率 X_{24}	%	+	
			农村居民人均住房面积 X_{26}	m^2	+	
			新型城乡合作医疗参加率 X_{27}	%	+	
			农村每百户拥有家用汽车数 X_{28}	辆	+	
		文化协调度 C_4	新建农村文化礼堂 X_{35}		+	
			在建历史文化村落保护利用重点村 X_{36}		+	
			学前三年毛入园率 X_{37}	%	+	
			九年义务教育入学率 X_{38}	%	+	
	响应 B_3	管理协调度 C_5	基层村级民主参选率 X_{45}	%	+	
			乡镇集中审批和便民服务覆盖率 X_{46}	%	+	
			农村社会治安状况满意度 X_{47}	%	+	
			游客满意度 X_{48}	%	+	

注："+"代表正向指标，"−"代表负向指标，空白表示无量纲。

表 5-10   乡村旅游与美丽乡村建设协调度评价指标体系

目标层	准则层	要素层	指标	量纲	效态	备注
协调度 A	驱动 B_1	经济协调度 C_1	乡村旅游总收入 X_1	万元	+	
			乡村旅游收入占 GDP（村集体经济）的比例 X_2	%	+	
			乡村旅游总收入年增长率 X_3	%	+	
			乡村旅游总人次 X_4	万人次	+	
			乡村旅游总人次年增长率 X_5	%	+	
			乡村旅游收入占新型农业经营主体经济收入比重 X_6	%	+	
			农村居民人均可支配收入 X_7	元	+	
		环境协调度 C_2	植被覆盖率 X_8	%	+	
			农村卫生厕所普及率 X_9	%	+	
			乡村旅游经营点污水处理率 X_{10}	%	+	
			生活垃圾无害化处理率 X_{11}	%	+	
			乡村景观与乡村产业布局的协调率 X_{12}	%	+	

目标层	准则层	要素层	指标	量纲	效态	备注
协调度 A	驱动 B_1	环境协调度 C_2	乡村旅游服务设施占公共服务设施比重(村级活动服务场地)X_{13}	%	+	
			清洁能源普及率 X_{14}	%	+	
			乡村道路硬化率 X_{15}	%	+	
	状态 B_2	社会协调度 C_3	乡土民居保护及综合利用率 X_{16}	%	+	
			农民返乡创业率 X_{17}	%	+	
			农村低保覆盖率 X_{18}	%	−	
			公共服务设施投入年增长率 X_{19}	%	+	
			乡村旅游就业人数占总人数比重 X_{20}	%	+	
			乡村旅游从业人员参与培训率 X_{21}	%	+	
			低收入人口依托乡村旅游发展增收、致富所占比重 X_{22}	%	+	
		文化协调度 C_4	乡土文化原真性保护及开发率 X_{23}	%	+	
			农村风貌改造率 X_{24}	%	+	
			居民文化程度 X_{25}	—	+	
			村民对乡村文化有强烈认同感比重 X_{26}	%	+	
			乡村景观与农村建筑的协调率 X_{27}	%	+	
			农土特产品开发率 X_{28}	%	+	
	响应 B_3	管理协调度 C_5	村庄规划编制及执行率 X_{29}	%	+	
			标准化生产普及率 X_{30}	%	+	
			村民自治参与度 X_{31}	%	+	
			社区居民满意度 X_{32}	%	+	
			游客满意度 X_{33}	%	+	
			乡村智慧旅游普及度 X_{34}	%	+	

注:"+"代表正向指标,"−"代表负向指标,空白表示无量纲。

5.2.4　评价指标体系诠释

1. 协调驱动评价——经济协调度评价指标

乡村旅游与美丽乡村建设协调驱动的重要动力来自区域经济产业及经济的发展,评价重点在于乡村旅游的发展状况和总体收入状况、乡村旅游收入占区域经济的比重、乡村旅游人次的增长水平、乡村旅游总人次及增长状况、乡村居民的人均可支配收入状况等。据此,初步选取 7 项指标做评价。包括:乡村旅游总收入,即区域乡村旅游年总收入;乡村旅游收入占 GDP(村集体经济)的比例,村集体经济主要包括产品物资销售收入、出租收入、劳务收入、补助收入等；乡村旅游总收入年增长率，即乡村旅游总收入跟上一年相比的增长速度；乡村旅游总人次，即当年区域乡村旅游总人次；乡村旅游总人次年增长率，即乡村旅游总人次与上一年相比的增长速度；乡村旅游收入占新型农业经营主体经济收入比重，新型农业经营主体包括专业大户、家庭农场、农民合作社、农业产业化龙头企业等；农村居民人均可支配收入，即农村居民可用于最终消费支出和储蓄的总和。

2. 协调驱动评价——环境协调度评价指标

乡村区域环境的变化对于乡村旅游发展具有重要的直接影响，而美丽乡村建设同样直接作用于乡村环境的改变，因此，乡村环境的协调度评价对乡村旅游与美丽乡村建设协调度而言具有重要的参考价值。根据乡村旅游发展和乡村建设对环境的要求，初步选定 8 项指标，包括：植被覆盖率，即区域植被面积占区域总面积的比重；农村卫生厕所普及率，即区域使用卫生厕所的农户占农户总数的比例；乡村旅游经营点污水处理率，即采用污水净化处理的乡村旅游经营点占总数的比重；生活垃圾无害化处理率，即区域无害化处理的垃圾量占总处理垃圾量的比率；乡村景观与乡村产业布局的协调率，即区域的乡村景观和周边的乡村产业在文化内涵、色彩搭配、造型设计等方面的协调匹配度，主要是通过相关专家打分所得；乡村旅游服务设施占公共服务设施比重(村级活动服务场地)，即在行政区内，主要用于乡村旅游服务设施的场地占区域所有公共服务设施的比重；清洁能源普及率，即使用清洁能源的农户占农户总数的比重；乡村道路硬化率，即已经硬化的乡村道路里程占乡村道路总里程数的比重。

3. 协调状态评价——社会协调度评价指标

乡村旅游与美丽乡村建设协调状态和水平的重要表现就是在乡村的社会发展程度和发展水平上，特别是在社会建筑、乡村人口、个人生活及发展水平等方面。相应地，乡村社会发展的程度和水平也深刻影响着乡村旅游发展、美丽乡村建设以及二者之间的协调度。在此基础上，选取 7 项指标：乡土民居保护及综合利用率，即区域内用于保护和综合开发利用的乡土民居占乡土民居总数的比重；农民返乡创业率，即返乡创业农民占外出务工农民总数的比重；农村低保覆盖率，即农村领国家低保人数占总人数的比重；公共服务设施投入年增长率，即农村用于公共服务设施投资的年增长速度；乡村旅游就业人数占总人数比重，即参与乡村旅游发展、经营等工作的人数占总人数比重；乡村旅游从业人员参与培训率，即每年参与各项培训的乡村旅游从业人员占乡村旅游从业总数的比重；低收入人口依托乡村旅游发展增收、致富所占比重，即依靠乡村旅游发展增收、致富的总人数占增收、致富人口总数的比重。

4. 协调状态评价——文化协调度评价指标

乡村区域文化是乡村旅游发展和美丽乡村建设的灵魂，同时也是促进乡村旅游和美丽乡村建设协调的凝聚力。同时，乡村旅游和美丽乡村建设在乡村文化上的综合利用表现是二者协调的重要表现。针对乡村文化协调度展开评价，具有重要的指导意义。因此，在指标的选取上需要考虑乡村文化的物质表现和非物质表现，本次评价选取 6 项指标，包括：乡土文化原真性保护及开发率，即开展乡土原真性保护和开发的文化占区域总文化的比重；农村风貌改造率，即进行农村风貌改造的建筑占建筑总数的比重；居民文化程度，即农村高中及以上文化水平人数占总人数比重；村民对乡村文化有强烈认同感比重，即村内对乡村本土文化具有强烈认同感的人数占总人数的比重；乡村景观与农村建筑的协调率，即乡村区域内在色彩、造型、材质、文化内涵等方面与周边建筑协调的景观数量占景观总数的比重，该项指标的评价主要由乡村景观设计师评价；农土特产品开发率，即已经开发的土特产品种数占农村土特产总品种数的比重。

5. 协调响应评价——管理协调度评价指标

乡村旅游与美丽乡村建设之间协调程度的高低和协调度的调整着重体现在乡村旅游和美丽乡村的管理上，乡村区域的管理政策、制度等的制定，在一定程度上对乡村旅游与美丽乡村建设之间的协调有决定性作用。本书选取 6 项指标来评价，包括：村庄规划编制及执行率，即编制了村庄各项规划并严格执行的规划数占规划总数的比重；标准化生产普及率，即农产品按照标准化方式组织生产的面积占生产总面积的比重；村民自治参与度，参与村民自治的农民总数占总人数的比重；社区居民满意度，即社区居民对村委会、村集体的满意程度，该项指标通过五级李克特量表调查获得；游客满意度，即乡村旅游者对乡村旅游目的地的满意程度，该项指标通过五级李克特量表调查获得；乡村智慧旅游普及度，即运用智慧设备设施支持和管理乡村旅游的区域面积占总面积的比重。

5.2.5　指标权重确定方法重构

乡村旅游与美丽乡村建设耦合协调度评价指标体系权重的确定运用了熵权法和突变理论。突变理论是法国数学家勒内·托姆（René Thom）开创的，该理论通过描述系统在临界点的状态，来研究自然多种形态、结构和社会经济活动的非连续性突然变化现象，并将耗散结构论、协同论与系统论联系起来，对系统论的发展产生了推动作用（赵丽　等，2008）。一个决策系统往往包含多个目标，依据初等突变理论，把系统内的所有目标按矛盾的逻辑关系归类，分出主次矛盾，再将这些矛盾分别按主次分解，直至可具体量化为止（陈艳梅，2005）。 在互补决策的原则上，突变决策模型主要有三种类型：尖点突变、燕尾突变和蝴蝶突变(吴次芳和华楠，1996；李祚泳　等，2010)(表 5-11)。突变决策能够反映评价因子间的相互关系，但在控制变量重要性排序的过程中带有一定的主观性，同时也不能确定各指标因子的具体权重，而作为惯用的确定权重的熵权法虽然能克服主观性，但在指标因子之间的关联性方面又有所欠缺。因此，本书尝试将二者结合，既考虑指标因子之间的关联性，又保证评价的客观性。具体步骤如图 5-2 所示。

表 5-11　突变决策模型(基于互补原则)

突变模型	势函数	控制变量重要性排序	决策公式
尖点突变	$F(x) = x^4 + ux^2 + vx$	$u > v$	$P = \left(\sqrt{u} + \sqrt[3]{v}\right)/2$
燕尾突变	$F(x) = x^5 + ux^3 + vx^2 + wx$	$u > v > w$	$P = \left(\sqrt{u} + \sqrt[3]{v} + \sqrt[4]{w}\right)/3$
蝴蝶突变	$F(x) = x^6 + wx^4 + tx^3 + ux^2 + vx$	$u > v > w > t$	$P = \left(\sqrt[4]{u} + \sqrt[5]{v} + \sqrt{w} + \sqrt[3]{t}\right)/4$

表 5-11 的各公式中，$F(x)$ 表示系统的状态变量 x 的势函数；u、v、w、t 表示控制变量。系统势函数的状态变量和控制变量是矛盾的两方面，控制变量之间相互作用以构成矛盾。系统所处的任一状态是状态变量和控制变量的统一，也是控制变量之间相互作用的统一。

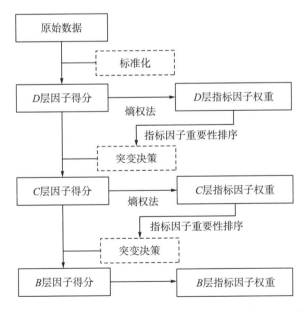

图 5-2　基于突变决策理论的熵权改进[据张颖和徐辉(2014)修改]

步骤一：对指标层各个指标所对应的指标值进行标准化，即用评价指标的实际值和该指标的最小值之差与该指标的极差的比值来表示，反映评价指标实际值在该指标权重中所处的位置。计算公式为

$$B_{ij} = \left(A_{ij} - A_{\min} \right) / \left(A_{\max} - A_{\min} \right) \tag{5-6}$$

式中，A_{ij} 为第 i 年 j 项指标的实际值；$A_{\min}$ 是指标的最小值；$A_{\max}$ 是指标的最大值。经过指标标准化后，构建决策矩阵 $\boldsymbol{B}$。

步骤二：指标层因子的权重运用熵权法单独测算得到，由于该方法较为成熟，本书不再赘述。确立各个指标的权重，$\boldsymbol{W} = (W_1, W_2, \cdots, W_n)$，建立加权的规范化矩阵：

$$\boldsymbol{V} = \boldsymbol{B} \times \boldsymbol{W}, \boldsymbol{V} = \begin{vmatrix} \vartheta_{11} & \vartheta_{12} & \cdots & \vartheta_{1j} \\ \vartheta_{21} & \vartheta_{22} & \cdots & \vartheta_{2j} \\ \vdots & \vdots & \vdots & \vdots \\ \vartheta_{i1} & \vartheta_{i2} & \cdots & \vartheta_{ij} \end{vmatrix} \tag{5-7}$$

用测算结果分别对每个要素层下的指标因子做重要性排序，然后选择相应突变决策模型计算得到要素层指标分值。

步骤三：依据要素层指标得分，再次运用熵权法确定要素层指标权重，重复步骤二，通过突变模型和熵权法的交替、结合运用，计算得到准则层指标分值。至此，指标体系中每个指标和因子的权重得到确定。

5.2.6　协调度等级评分说明

第一步，根据改进的 TOPSIS 法，确定正理想解和负理想解。

正理想解：

$$V^+ = \left\{ \max V_{ij} | i = 1, 2, \cdots, n \right\} = \left\{ V_1^+, V_2^+, \cdots, V_n^+ \right\} \tag{5-8}$$

负理想解：

$$V^- = \left\{ \min V_{ij} | i = 1, 2, \cdots, n \right\} = \left\{ V_1^-, V_2^-, \cdots, V_n^- \right\} \tag{5-9}$$

第二步，计算距离。分别计算不同年份评价向量到正理想解的距离 D^+ 和负理想解的距离 D^-：

$$D^+ = \sqrt{\sum_{j=1}^{m} \left(V_{ij} - V_j^+ \right)^2} \, (i = 1, 2, \cdots, n) \tag{5-10}$$

$$D^- = \sqrt{\sum_{j=1}^{m} \left(V_{ij} - V_j^- \right)^2} \, (i = 1, 2, \cdots, n) \tag{5-11}$$

第三步，计算历年评价对象与最优方案的接近程度 S_i。

基于构建的评价指标体系以及确定权重的方法，在对指标做标准化处理以后，可用式(5-12)测算乡村旅游与美丽乡村建设水平。

$$S = \sum_{i=1}^{34}\left(D_i \cdot W_i\right) = \sum_{n=1}^{3}\left(U_n \cdot W_n^B\right) = \sum_{n=1}^{5}\left(\sum D_k \cdot W_k^C \cdot W_k^D\right) \tag{5-12}$$

式中，S 表示耦合协调水平分值；D_i 表示第 i 个指标的标准化值；W_i 表示第 i 个指标对总目标的贡献率；U_n 表示第 n 个子系统的得分值，W_n^B 表示第 n 个子系统对应于准则 B 层的权重值，W_k^C、W_k^D 分别表示第 k 个指标对应要素 C 层、指标 D 层的权重值。S 值越高，则代表该区域耦合协调度越高；反之，耦合协调度越低。

5.3　乡村旅游与美丽乡村建设协调度评价模型

乡村旅游与美丽乡村本身是两大不同的范畴，是乡村地区产业发展和人居环境建设的复合系统，是乡村地区人与自然和人文环境相互影响、相互作用的集中表现。协调度是用来表示系统之间或者系统内要素之间相互协调和谐一致的过程。本书运用驱动、状态和响应三大系统之间的耦合协调度来反映乡村旅游发展与美丽乡村建设之间的互动关系，可以比较准确地预测两大系统及系统内部的协调状况，进而反映乡村地区产业发展与环境建设之间的协调度。其计算公式为

$$H_i = 1 - S_i / V_i \tag{5-13}$$

式中，H_i 为第 i 年乡村旅游与美丽乡村建设耦合协调度；S_i 为驱动、状态和响应三大系统分值的标准差；V_i 为第 i 年三大子系统的平均分值。由此可知，$H_i \in (0, 1)$，取值越大证明系统或系统内要素之间的协调度越高，反之，则协调度越低。本书依据实践情况，结合相关研究成果（何成军　等，2006；李艳娜和黄大勇，2008；蒋春燕　等，2009；李倩，2017），确定出了 5 种标准，详见表 5-12。

表 5-12　乡村旅游与美丽乡村建设协调等级判定标准

H_i	(0,0.2)	[0.2,0.4)	[0.4,0.6)	[0.6,0.8)	[0.8,1)
协调度	极不协调	不协调	基本协调	比较协调	非常协调

5.4　乡村旅游与美丽乡村建设协调发展障碍因子诊断模型构建

5.4.1　乡村旅游与美丽乡村建设协调发展的障碍因子诊断意义

在乡村旅游与美丽乡村建设协调发展的综合评价过程中，不仅要对二者的协调发展水平进行系统分析，以此来反映乡村地区产业发展、环境建设、文化保护

与开发、社会发展、综合管理等综合协调状况，更具有实践意义的是，通过乡村旅游与美丽乡村建设协调度评价，找到其协调发展的阻碍因素，以便对协调发展障碍进行病理性诊断，从而进一步以数据量化方式科学、精准指导乡村旅游与美丽乡村建设的协调发展。

可见，乡村旅游与美丽乡村建设协调发展障碍因子诊断是对协调度评价的认识深化与数据量化，需要在乡村旅游与美丽乡村建设协调度评价基础上，引入障碍因子识别模型的因子贡献度、指标偏离度、障碍度等，构建乡村旅游与美丽乡村建设协调度评价模型和协调发展障碍因子诊断模型，数据化展示各障碍因子对区域乡村旅游与美丽乡村建设耦合协调度影响程度的高低，为乡村旅游与美丽乡村建设协调发展障碍因子的诊断奠定基础。

5.4.2 乡村旅游与美丽乡村建设协调发展的障碍因子诊断模型内涵

乡村旅游与美丽乡村建设协调发展障碍因子诊断模型由因子贡献度（R_i）、指标偏离度（P_i）和障碍度（Y_i）构成。

1. 因子贡献度（R_i）

因子贡献度（R_i）表示指标层因子对总目标的影响程度，也就是对总目标的权重，函数表达式为

$$R_i = r_i \cdot b_i \cdot c_i \tag{5-14}$$

式中，r_i 为第 i 项指标因子权重；b_i 表示第 i 项指标因子对应要素层因子权重；c_i 表示第 i 项指标因子对应准则层因子权重。

2. 指标偏离度（P_i）

指标偏离度（P_i）表示单项指标与耦合协调度总目标之间的差距，也就是单项指标因素评估与 100% 之差。函数表达式为

$$P_i = 1 - x_i \tag{5-15}$$

式中，x_i 为单项指标的估计值，采用单项指标的标准化值表示。

3. 障碍度（Y_i）

结合因子贡献度（R_i）和指标偏离度（P_i）可以计算障碍度。障碍度（Y_i）可以表示各指标对区域乡村旅游与美丽乡村建设耦合协调度的影响程度，函数表达式为

$$Y_i = \frac{R_i \cdot P_i}{\left(\sum_{i=1}^{34} R_i \cdot P_i \right)} \times 100\% \tag{5-16}$$

式中，Y_i 为单项指标的障碍度，通过对 Y_i 进行大小排序，即从指标层判断可得影响乡村旅游与美丽乡村建设耦合协调的障碍因子。

5.5　小　　结

　　本章通过引入协调度评价理论和方法，在《美丽乡村建设评价》(GB/T 37072—2018) 等标准指导下，从产业协调、环境协调、功能协调、文化协调、管理协调五个维度，通过预选、初步筛选、客观筛选、指标鉴别力评价、多元线性回归定量检验等步骤，预选的 49 个指标经层层筛选和鉴别，最终保留 34 个指标，由此构建了乡村旅游与美丽乡村建设协调度评价指标体系，主要用于经济协调度评价、环境协调度评价、社会协调度评价、文化协调度评价和管理协调度评价。在指标体系基础上，运用熵权法和突变理论，确定了指标权重。最终引入障碍因子识别模型的因子贡献度、指标偏离度和障碍度，构建乡村旅游与美丽乡村建设协调度评价模型和乡村旅游与美丽乡村建设协调发展障碍因子诊断模型。这能够直观地反映出乡村旅游与美丽乡村建设的协调状态，锁定障碍因子，并具有较为扎实的理论支持、逻辑推导，但是就协调度评价、障碍因子评价内涵及指标体系而言，还有值得进一步深化和论证的空间，未来可以从内涵解析、指标体系完善等角度做进一步研究。

第6章 乡村旅游与美丽乡村建设协同路径

6.1 协同发展理论基础

协，众之同和也。同，合会也。所谓协同，就是指协调两个或者两个以上的不同资源或者个体，行动一致地完成某一目标的过程或能力。

协同理论又称协同学，是系统科学的一个重要分支，由德国物理学家赫尔曼·哈肯于20世纪70年代创立。从内涵上看，协同理论将研究对象看作是由多个子系统构成的复杂而开放的系统，各子系统在能量、物质、信息等方面相互影响、相互制约、相互协作，推动复杂系统在时间和空间上呈现由无序到有序的状态，并形成新的结构或产生整体效应(刘晶晶，2019)。简单来说，协同理论强调通过子系统间的相互协同促进整体的发展，以取得协同效应，进而推动整体系统的发展。

6.1.1 协同理论基本观点和特性

1. 协同理论的基本观点

(1)支配原理(伺服原理)。支配原理主要是指序参量在整体系统中的支配作用。序参量是系统相变前后所发生的质的飞跃最突出的标志，是所有子系统对协同运动的贡献总和，是子系统介入协同运动程度的集中体现。可以说，序参量决定着系统的变化，如果不影响或改变序参量，就不能影响或改变系统的变化和状态。

(2)反馈机制。反馈机制是指在系统运行过程中存在一定的反馈。反馈机制不断推动系统内部进行调整，分为正反馈和负反馈，正反馈通过序参量使系统达到有序结构，负反馈通过序参量使系统维持当下结构状态。

(3)自组织原理。自组织一般是相对于被组织而言的。被组织也称他组织，是指系统发展的规则、命令以及运行能力全部来自系统外部。自组织原理是指系统在没有外部环境控制的条件下，内部各子系统之间通过协同作用从无序状态发展为有序状态(魏亚鹏，2018)。

(4)协同效应。协同效应是指系统中各子系统因协同作用而产生的 1+1>2 的效果。协同效应是系统形成有序结构的内部驱动力，是系统进行协同运作的最终诉求,即各子系统之间通过协同作用从复杂的无序结构调整为有序结构(郑吉春等,2016)。

2. 协同理论的特性

(1)开放性。协同理论中的系统不是封闭的,而是开放的,能够与外部环境进行物质、能量和信息交换,这样系统结构才有改变的可能。

(2)目标性。协同理论中系统内部各子系统进行协作,具有一定的方向性和目标性,其根本目标是通过各子系统之间的协同,促进系统整体结构的优化,实现整体系统更好的发展。

(3)动态性。协同理论中系统从无序状态发展到有序状态的过程是一个动态变化的过程,各子系统面临着内部和外部环境不断被打破、平衡再平衡,不断地协同达到自组织状态,在动态中实现整体系统结构的优化与调整。

(4)整体性。协同理论认为复杂系统或者大系统虽然包括各类子系统,但各个子系统在大系统中是有机统一的。协同理论的最终目标是实现大于各子系统功能简单相加的协同效应,推动整体的发展,整体的发展又进一步推动各子系统的发展,进而取得协同共赢的效果。

6.1.2　乡村振兴领域的协同理论应用概况

随着相关研究的深入,协同理论已超出了物理学的应用范畴,广泛应用在其他学科和领域,强调通过子系统间的相互协同促进整体发展,实现协同效应。乡村振兴领域的协同理论应用与研究也正在加强,何成军等(2017)在乡村振兴背景下通过对休闲农业与美丽乡村建设关系的分析,构建二者耦合的概念模型,并提出休闲农业与美丽乡村五大协同路径。李长源(2019)关注了实施乡村振兴战略的多元主体协同参与问题,提出为了充分调动各类主体积极参与乡村振兴并形成合力,必须探索以解决问题为导向、以互联网为依托、以协商为手段、以网络治理为平台的多元主体协同参与新路径。赵晓峰和许珍珍(2019)立足合作社发展与乡村振兴战略实施之间的目标一致性和理论共通性,提出可以构建农民合作社发展与乡村振兴协同推进机制。张琰飞等(2019)提出推动民族村寨乡村振兴,旅游开发与空心村治理必须在人口、文化、环境、治理等领域实现有效的协同,关键是推进村寨人地关系的协调。孔祥利和夏金楠(2019)探讨了乡村振兴战略与农村三产融合发展的价值逻辑关联及协同路径,认为乡村振兴战略与农村三产融合发展协同推进,必须遵循"创新、协同、绿色、开放、共享"的新发展理念,可以在协同动力、协同主体、协同引擎、协同保障、协同基础五个方面进行路径选择。陈佳渲(2019)提出新时代乡村旅游区域协同发展要妥善解决产权和股权,化解区域协同矛盾,提升协同水平。

可见，乡村振兴战略作为一个复杂的系统，内部涉及许多子系统。各个子系统的有效协同，对于实现乡村振兴系统的整体发展具有决定性意义。因此，在实施乡村振兴战略中引入协同理论，具有突出的理论价值与现实意义。

6.2 乡村旅游与美丽乡村协同发展的必要性

乡村旅游发展与美丽乡村建设本身是两大不同的范畴，是乡村地区产业发展和人居环境建设的复合系统，随着二者发展内涵与外延的拓展，特别是在各地的实践探索中，常常将二者同步规划、协调推进，乡村旅游与美丽乡村建设内容的开放性、发展过程的动态性、发展目标的一致性、发展效益的整体性，逐步统一到乡村振兴战略的实施中，共同为乡村的现代化贡献力量。这使两大系统具有协同的可能与必要。

6.2.1 乡村旅游与美丽乡村建设内容的开放性要求

乡村旅游发展与美丽乡村建设本身就是一个开放系统，需要与外部环境进行物质、能量和信息的交换。开放性需要相关系统之间及时"交换"资源，获得发展新动力。乡村旅游的发展需要依托"三农"吸引物，美丽乡村的住房建设、村容村貌、环境整治等能够提升"三农"吸引物品质，为乡村旅游发展提供有力的硬件支撑。美丽乡村不仅关注"安居"的硬件建设，还需要考虑当地村民的"乐业"需求，乡村旅游的发展能够为美丽乡村建设提供较为稳定的产业支撑，让村民通过参与乡村旅游经营、服务等获得稳定收入，使村民精神面貌的获得提升，促进乡风文明。因此，乡村旅游发展与美丽乡村建设都不是封闭的，都需要从对方获得支撑，实现协同发展。

6.2.2 乡村旅游与美丽乡村发展过程的动态性要求

乡村旅游发展与美丽乡村建设都不是一蹴而就的，是一个动态的过程。动态性反映了系统内部存在着显著的不平衡性，需要系统之间的相互"补位"配合。乡村旅游发展需要根据美丽乡村建设的阶段性进度和状态做好产业布局、业态调整。如在美丽乡村建设初期，由于基础设施、服务设施的欠缺，发展乡村旅游更多的是依托乡村的自然生态环境、田园风光、大地风景等；在美丽乡村建设后期，村庄基础设施、村容村貌、村民住房条件等都有较好的基础，发展乡村旅游则可以考虑引入民宿、特色餐饮、手工艺品制作等业态。同样，美丽乡村也需要根据乡村旅游发展阶段和规模进行统筹考虑和建设安排，如根据乡村旅游发展规模、发展前景等，考虑乡村道路的宽度、供电供水量、停车场面积、公共厕所面积等，在美丽乡村建设中就要预留乡村旅游发展空间。因此，动态性本质上要求乡村旅游与美丽乡村要在发展和建设过程中实现配合，这既是二者互为支撑的内在要求，也是在现实中预留发展空间、防止资源闲置、避免重复建设的必然要求。

6.2.3　乡村旅游与美丽乡村发展目标的一致性要求

从发展目标看，乡村旅游与美丽乡村的发展和建设虽各有侧重点，但是都统一在乡村振兴中，最终目的都是实现农业农村现代化，实现农业强、农村美、农民富。乡村旅游是实现乡村振兴的重要手段，《全国乡村旅游发展监测报告(2019年上半年)》数据显示，2019 年上半年全国乡村旅游总人次达 15.1 亿人次，相当于全国城乡居民上半年人均参与了 1.08 次乡村旅游，乡村旅游的规模效益和综合带动作用，对乡村的产业发展、生态建设、文明引领、基层管理创新、群众增收致富都有着积极影响。相对应地，美丽乡村是乡村振兴最直接的表现形式。基础设施的提升、服务设施的完善、村容村貌的整治是乡村振兴的外在形象要求，将有利于支持乡村产业发展、规范村约民规、引领文明风尚等。因此，乡村旅游发展和美丽乡村建设都能促进产业兴旺、生态宜居、乡风文明、治理有效、生活富裕，发展目标的一致性必然要求乡村旅游与美丽乡村协同发展。

6.2.4　乡村旅游与美丽乡村发展效益的整体性要求

从各地实践看，乡村旅游发展与美丽乡村建设同步规划、同步推进的现象越来越普遍。特别是随着乡村旅游开发建设的整村推进，乡村景区与乡村社区的边界正在融合(王立彬，2019)。这样的背景下，乡村旅游与美丽乡村的发展效益也必然趋同，即在全域视角下，把整个村域作为乡村旅游开发空间，并在规划、建设、运营等方面与乡村旅游开发和美丽乡村建设进行统筹，形成合力建设"近者悦，远者来"的特色乡村旅游目的地，有效放大乡村旅游发展与美丽乡村建设的整体效益。发展效益的趋同和放大带来的整体性，必然要求乡村旅游与美丽乡村协同发展。

6.3　乡村旅游与美丽乡村协同发展机制

借助联合国可持续发展委员会(CSD)在 PSR 概念模型基础上提出的驱动-状态-响应(driving-status-response，DSR)概念模型，解释乡村旅游发展与美丽乡村建设的协同机制(图 6-1)。

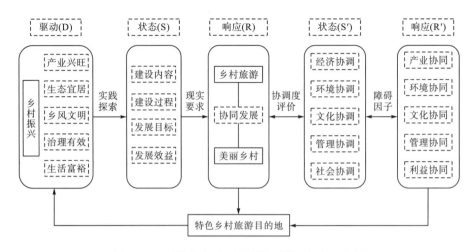

图 6-1   乡村旅游与美丽乡村协同发展机制示意图

乡村振兴战略是新时代"三农"工作的总抓手，也是推进一切涉农产业、工作的重要驱动力，作为乡村振兴的重要载体，乡村旅游发展、美丽乡村建设在实践探索中，必然在建设内容、建设过程、发展目标、发展效益等方面体现"产业兴旺、生态宜居、乡风文明、治理有效、生活富裕"总要求，这也相应地产生了乡村旅游与美丽乡村协同发展的行动效应。同时，在特色乡村旅游目的地建设的背景下，乡村旅游与美丽乡村协同发展又成为新的驱动力，通过协调度评价反映二者在经济协调、环境协调、文化协调、管理协调、社会协调等方面的状态，状态所指示的障碍因子刺激着乡村旅游与美丽乡村在协同路径上做出响应，即通过产业协同、环境协同、文化协同、管理协同、利益协同等路径响应二者协同发展的驱动力，并使得乡村旅游与美丽乡村达到最佳的协调状态，推进特色乡村旅游目的地建设，进而充分发挥旅游的综合性、带动性效益，推进乡村振兴战略的实施。

总的来说，乡村旅游与美丽乡村协同发展机制是一个多层传导驱动力、多次调整状态、多级行动响应的过程，乡村旅游与美丽乡村协同发展既是响应乡村振兴战略的行动必然，又是调整和优化乡村旅游与美丽乡村协同发展状态的内在诉求，通过推进特色乡村旅游目的地的产业发展，最终实现乡村振兴目标。

6.4   乡村旅游与美丽乡村协同发展路径

6.4.1   产业协同路径：做大做强美丽经济

乡村振兴，产业兴旺是重点。没有经济的内生发展，没有产业的支撑，美丽乡村将成为空中楼阁。同样，美丽乡村缺少在基础设施、生态环境、乡风文明等方面的支持，乡村旅游的发展也会不可持续。第 5 章对乡村旅游与美丽乡村经济协调度的评价，重点在于乡村旅游的发展状况和总体收入状况、乡村旅游收入占区域经济的比重、乡村旅游人次的增长水平、乡村旅游总人次及增长状况、乡村居民的人均可支配收入状况等。这些指标较好地反映了乡村旅游的发展成效，也反映了依托美丽乡村美丽经济的重要成效。因此，乡村旅游与美丽乡村的产业协同路径核心、关键和目标都是要做大做强美丽经济。

一是树立"产村景"融合发展理念。产，即乡村产业；村，即乡村生活空间；景，即乡村景观。"产村景"融合发展实质上就是在产村一体化发展的基础上，以乡村旅游为核心，通过旅游驱动协调乡村内部各产业要素进行相互渗透与交叉，不断延伸产业链，从而使各要素之间的边界模糊化、互利共享，最终形成乡村生产、生活、生态融合发展（高春留 等，2019）。这就要求在规划设计、项目包装、工程建设等环节中，统筹考虑、协调推进美丽乡村建设与乡村旅游发展。

二是推动一二三产业融合发展和多功能发展。实践证明，融合发展是实现美丽乡村建设与经济高质量发展相得益彰的基本路径（黄祖辉，2018）。美丽乡村建设需要产业支撑，同时还要符合当地实际和特色，才能不断增强美丽乡村发展动能。推进美丽乡村建设需要充分利用本地资源禀赋，发展多样化产业。乡村旅游需要与美丽乡村其他产业融合、聚集与延伸，最终构建"以美丽支撑乡村旅游产业、以乡村旅游产业养护美丽"的良性循环系统，实现乡村产业的融合发展和多功能发展。

三是推进乡村旅游高端业态发展。发展乡村旅游要达到有效促进村壮、民富的目标，依靠单一的农家乐经营明显不足，需要由单一观光旅游向综合休闲度假升级，在推动农家乐服务提档的同时，大力引育中高端民宿、自驾车露营、研学体验、康养疗养等新兴业态，带动乡村旅游转型升级，有效提升已有乡村旅游产品的环境、服务、品质。

【案例解析 6-1】

羊茸·哈德村：多彩羊茸"破茧成蝶"①②③

黑水县羊茸·哈德村地处四川省阿坝藏族羌族自治州中部岷江上游，为四川盆地西北缘山地向高原过渡的高山峡谷地带。截至 2017 年，全村 45 户 202 人，人口多分布在高半山区。村民受教育程度较低，高中以上文化水平人口比例不足20%，1/3 以上的劳动力外出务工。近年来，羊茸·哈德村在整村战略转移的背景下，依托当地奶子沟八十里彩林区精品景点"落叶松林"中心区建设，瞄准打造精品旅游村落的目标，在村落建设、发展的过程中，积极调节产业结构，促进自

① 资料来源：课题组 2017 年 10 月赴黑水调研记录及报告。
② 中新网. 四川阿坝"藏家乐"小村：端起"旅游新饭碗"[EB/OL]. [2020-01-20]. https://www.chinanews.com/sh/shipin/cns/2020/01-20/news845247.shtml.
③ 中国藏族网通.黑水县羊茸·哈德村崭新面貌迎八方客人[EB/OL]. [2016-09-20]. https://www.tibet3.com/tuku/lyshy/2016-09-20/31117.html.

身产业转型,加强旅游产业与文化产业、农牧业、加工业等产业的融合,以旅游业带动其他产业的发展,形成了集吃喝、玩乐、游娱、购物乃至康养休闲于一体的羊茸·哈德,彻底改变了以往灾害不断、产业薄弱、经济落后的面貌,"丑小鸭"变成了"凤凰"。具体做法如下。

一是文旅产业融合发展。羊茸·哈德村重点融入当地的卡斯达温文化,辅以戈基文化、宗教文化,突出红色文化和乡村文化,对沿 G347 国道文化体验与乡村旅游景观带、音乐彩林景观带的文化旅游产品进行重点打造,形成了当地独具特色的体验项目。二是旅游与特色农业、牧业融合。羊茸·哈德村旅游景区在打造方面注重与农业景观有机融合。结合沟谷经济,全村沿黑水河、小黑水河流域以及几条主要沟谷种植特色水果,建立无公害蔬菜、特色豆类、专用马铃薯、中草药等基地,发展特色牦牛产业基地、生猪规模化养殖场和土鸡产业基地等,依托经果林、无公害蔬菜种植园、中草药种植园、特色养殖业基地等开发农业观光体验、养生休闲旅游。三是旅游与加工业结合。依托特色农牧产品,羊茸·哈德村发展蔬菜、果品、豆类、马铃薯、道地汉藏药材等农产品、林产品深加工业,牛羊肉、奶等畜产品深加工业,以及银丝粉、机制粉丝、全青淀粉、苦荞面条、洋芋淀粉、牛羊猪肉等绿色食品加工业。四是旅游商品开发。将有关卡斯达温、多声部音乐、红色文化、土司文化、戈基文化等制作成绘本、视频等,开发针绣荷包、手帕等藏族针绣品系列,红军兵器、历史人物等工艺品系列,利用虫草、中药材开发养生旅游商品,把核桃、寿桃、青脆李、梨子、苹果、大樱桃、花椒、土豆、藏香猪、土鸡等地方农副产品包装成为旅游商品。

羊茸·哈德村依托产业发展,不断壮大集体经济。每家每户以房屋入股,成立了阿坝州羊茸哈德旅游服务有限公司,以"公司+支部+农户"的模式进行统一经营、统一管理、统一分配。通过旅游产业发展,带动直接就业 150 多人、间接就业 600 人。2018 年,全村集体经济收入超过 500 万元,村民人均收入增长约 1.8 万元,每个人都端上了旅游产业融合的"金饭碗"。

启示:

羊茸·哈德村在美丽乡村建设的过程中,依托得天独厚的自然资源、人文资源和生态环境,积极推进农旅融合、文旅融合。同时,该村农户参与旅游业的意愿很高,龙头企业的运营管理、农文旅融合政策都有效促进了农文旅的融合发展。可见,在全域旅游、乡村振兴等战略机遇下,积极优化有利于产业融合的市场机制,不断加强政府的组织领导和协调职能,优化"公司+农户"旅游产业融合运作模式,发挥龙头企业营销推广作用,促进乡村旅游与美丽乡村产业协同发展,是做大做强美丽经济的可行路径。

【案例解析 6-2】

苇塘村："空心村"的精彩转身①②

　　河北省滦平县两间房乡苇塘村，是金山岭长城脚下一个偏僻的小山村。截至 2018 年，全村 186 户 720 口人。村子有一百多年历史，是满族文化特色村。外出务工是村民的主要收入来源，全村常年在家人口不到 350 人，且以老人儿童为主，平常闲置房屋达 60 户，是典型的"空心村"，呈现出大量固定资产闲置和土地资源浪费的现象。

　　在美丽乡村建设过程中，苇塘村将乡村建设与农村传统文化保护和乡村旅游业发展相结合，以"空心村"闲置住宅资产性复活为抓手，积极引进"唐乡"项目建设，利用破旧、闲置的老房屋，经过翻修与艺术加工，打造成外朴内雅极具乡村特色的精品院落，供游客居住以体验乡村生活。目前，全村已经盘活闲置院落 50 处，完成了梨树下、云水间、草木里、果岭上等乡村主题酒店建设，打造了"一户一院、一院一景、连点成片"的园林式特色乡村体验区。

　　苇塘村通过实施"唐乡"项目建设，促进了休闲农业和乡村生态旅游的有序衔接，实现了休闲度假、自然观光、农事体验、健康养生的有机结合，拓宽了农业功能，延长了产业链条，发展中草药种植园 1500 亩，建设有机果品采摘园 500 亩，打造了黄芩谷、百药园等多个观光景点，年产黄芩茶、药茶 5 万斤，实现经济效益 150 万元，带动 80 余农民返乡就业。目前，"唐乡"先期启动的 5 个精品院落中，分别设置了搜葫芦条表演体验、熏香文化体验、黄芩茶品尝、中草药养生讲座和苇塘乡村记忆馆等乡村特色文化体验项目，取得了良好的经济效益。

　　启示：

　　苇塘村成功推动全村转型升级，实现文旅融合、农旅融合发展，关键是立足产业，在发展理念、旅游业态、发展模式上求变求新。在发展理念上，近年来随着钢铁行业回暖，苇塘村本可以在矿业发展路上再走上一程的，但该村通过解放思想大讨论，全村上下形成了把文化旅游产业作为第一产业持续打造的共识，引领全村经济走向高质量发展。在旅游业态打造上，苇塘村旅游资源丰富，但是单一的观光旅游业态并不能实现旅游经济的强势发展。该村抢抓协同发展机遇，引进战略投资者，建成一批设施完善、景观优美、服务到位的旅游新业态，实现了旅游业的跨越发展。在全域旅游发展模式上，苇塘村全面实施"旅游+"战略，推动旅游与文化、生态、农业、科技、体育、医养、教育等诸多领域深度融合，通过产业融合发展形成了"百花齐放"的全域旅游格局。

---

① 中国新闻网. 探访长城脚下"空心村"的精彩转身[EB/OL]. [2018-6-26]. https://baijiahao.baidu.com/s?id=160 4300231405053906&wfr=spider&for=pc.

② 中农富通城乡规划院，小乡村里大变化 唐乡模式见成效——滦平县探索唐乡模式推动美丽乡村建设[EB/OL]. [2018-10-22]. https://www.sohu.com/a/270514279_457412.

6.4.2　环境协同路径：整村推进乡村旅游目的地建设

乡村振兴，生态宜居是关键。第 5 章对乡村旅游发展与美丽乡村建设的环境协调度评价，包括植被覆盖率、农村卫生厕所普及率、乡村旅游经营点污水处理率、生活垃圾无害化处理率、清洁能源普及率等具体指标，实质上反映了乡村环境既是乡村旅游发展与美丽乡村建设的重要基础，又是极易受到乡村旅游发展与美丽乡村建设的影响，这就要求乡村旅游发展与美丽乡村建设在环境上进行协同，根本上是要整村推进乡村旅游目的地建设，推动乡村自然资本加快增值，实现百姓富、生态美的统一。

一是坚持保护性开发。良好的生态环境是农村的最大优势和宝贵财富，乡村旅游发展和美丽乡村建设都必须协调好开发与保护的关系，牢固树立和践行绿水青山就是金山银山的理念。在看山见水中守住乡景、留住乡情、记住乡愁，既是美丽乡村建设的目标，也是乡村旅游发展的根本依托所在。这就要求统筹考虑乡村资源和环境承载能力，充分维护原生态村居风貌，保留乡村景观特色，保持村庄的完整性、真实性和延续性，努力使乡村看得见山、望得见水、记得住乡愁(钱春弦，2018)。如河南省信阳市新县大湾村，在进行村庄改造建设时，不搞大拆大建，积极保护当地良好的山水生态环境、丰富的红色文化资源、独具特色的豫南民居，实施保护性开发，既保留了民居建筑传统风格和历史风貌，又注入了工艺品作坊、书吧、民宿、咖啡馆、主题餐厅等新业态，让过去的旧房、危房和闲置房"旧装"重生为特色创客小店，成为河南省首个乡村旅游"创客小镇"(银元，2019)。

二是注重空间与功能的结合。美丽乡村建设侧重对环境空间的优化提升，乡村旅游侧重对环境功能价值的应用。具体来看，就是乡村各项硬件建设上应强化旅游意识和环境意识，在对农村建筑、民居的改造提升上，保持原有风貌，功能上也要实现农村居住的特色化与旅游功能化、农业产业化与旅游观光整合，实现部分居住功能与农家特色旅游接待功能、农业经济与田园风光的结合。如浙江省湖州市等地方的乡村大力推进生态经济+乡村旅游经济发展，以山水民宿为载体和特色，形成了较好的品牌和集群效应。

三是突出地域特色，打破千村一面。每个乡村的自然和人文条件不同，风土人情差异性形成了乡村地区特色，所以在乡村建设中应该善用资源，不能千篇一律、千村一面，要充分尊重乡村生态系统，深度挖掘乡村文化，因地制宜，注重保护人文古迹、留住乡愁，建设成既有现代气息又有乡土根脉的新型乡村。

【案例解析 6-3】

三会村：美丽乡村建设与自然和谐构建新格局[①]

苍溪县五龙镇三会村地处四川盆地北缘，位于嘉陵江流域中游，东河中下游，广元市东南，距县城 32km，村域面积 5.8km²，辖 7 个组 368 户 1235 人。三会村地势北高南低，属于山区丘陵地形，其自然资源较丰富，乡村田园风景优美，森林植被良好，非常适合开发休闲观光农业。

近年来，三会村在脱贫攻坚和美丽乡村建设背景下，在大力发展乡村旅游的同时注重环境保护与整治。一是推进绿色乡村与现代建设协同。三会村环境改造没有大拆大建，而是整治与新建相结合，对传统乡土建筑进行改造，融入现代技术与审美，合理布局新建农宅，并提出切实可行的农房风格和庭院环境打造措施；实现新旧融合、乡土与时尚融合、人工与自然融合、科技与传统融合的可持续的村庄建设。二是促进乡风与自然和谐构建新格局。三会村对民居聚集区进行软化包装，进行主题创作，注重提炼原乡生态资源和符号，就地取材将这些符号融入乡村旅游中，形成体现乡村美的特色景点。三是加强乡村环境治理。三会村注重加强乡村环境治理，开展绿色乡村行动，在乡村建设中做到生产清洁化、投入品减量化、产业模式生态化、废弃物资源化，同时，加强农村环境监管能力建设和宣传教育，保护乡村环境，树立文明乡风。四是增加生态产品和服务供给。三会村积极将生态优势转化为生态经济优势，运用现代科技和管理手段，积极开发观光农业、休闲娱乐、健康养生等服务，为美丽乡村和乡村旅游建设提供良好的绿色生态产品和服务，促进生态与经济之间的良性循环。

启示：

三会村在乡村旅游发展中尊重、顺应、保护自然乡村环境，通过保护与开发推动乡村自然资本，加快增值，实现乡村富和乡村美的协同。乡村环境协同需要美丽乡村和乡村旅游规划互相协调，争取二者同时发展方案建设最优化，关注区域整体格局、产业和人居环境大、中、小三层格局环境。三会村注重"生产、生活、生态"三个方面的环境协调，探索提出产业布局、乡镇体系重构、新型乡村社区建设、生态系统支撑、旅游业整合发展、综合交通体系构建等方案，在因地制宜地开发中形成了独特的乡村风格。

[①] 资料来源：课题组 2016 年 7 月赴广元市调研记录及报告；参考李晓琴编著的《四川旅游扶贫模式创新与实践研究》（四川大学出版社）有关内容。

【案例解析 6-4】

旺山村：拥抱生态红利的美丽乡村[①]

旺山村位于苏州城西南，村域面积 $7km^2$，其中山林面积 5380 亩，现有村民小组 13 个，农户 555 户，常住人口 2494 人。旺山村生态植被良好，人文资源深厚，又盛产碧螺春茶叶、银杏、葡萄、枇杷等特色产品，具有发展生态旅游的巨大潜力。从 2004 年起，旺山村充分发挥本地生态资源优势，结合农产品销售、农业观光，积极开发农家乐等特色旅游经济，以点带面，不断拓展农民增收致富渠道，健全农民增收长效机制，走出了一条立足生态特色建设美丽乡村的新路子。在前期完成大量基础配套设施的基础上，通过招商引资，先后投资 2.5 亿元建成了五大旅游景区，分别是钱家坞农家乐餐饮住宿区、耕岛农事参与体验区、九龙潭水库游览区、阿达岭农业观光游览区和颜家坞环秀晚筑。经过多年的精心打造，旺山生态园已成为一个具有民俗联欢、乡村小宿、农家餐饮、小河垂钓、森林氧吧、健身保健等多种活动项目的休闲旅游观光区。旺山村将农业与观光休闲旅游有机结合，优化和保护了生态环境，以旅促农、以旅助农，实现了旅游富农的发展。

启示：

旺山村通过充分利用得天独厚的自然资源，以保护和改善生态环境为重点，不断扩大旺山生态优势。在美丽乡村建设过程中，旺山村坚持走特色产业路，着力开发独具特色的乡村休闲观光旅游产业，实现了"人与自然和谐共处、经济社会与生态环境协调发展"的双赢局面。其中，最为关键的是要处理好保护与发展的关系。以最强硬的手段、政策、制度来实现生态资源保护，制定保护红线，将"绿水青山就是金山银山"的理念深度融入生态旅游规划机制、管理机制、运营机制中，为旺山村所在的吴中区生态文旅产业发展深度着绿。同时，加强制度设计，推进生态文旅产业发展与当地居民收入增长制度、生态环境保护制度、旅游产业可持续发展制度的耦合，在统筹生态资源保护、经济发展的同时，也形成了产业发展与当地居民增收的共生共荣机制。

6.4.3　文化协同路径：推进乡村文化活化利用

乡村振兴，乡风文明是保障。乡村文化作为中国传统文化的精神源泉（黄震方等，2015），从宅院村落到农业景观，从农事节气到民间艺术，从祖传家训到乡村礼俗，都是乡村文化重要的基因，承载了农业生产和农业文明的思想价值、思维习惯（刘志刚和陈安国，2019），乡村文化所凝练的中华民族传统文化精髓，有着不可或缺的历史价值和时代意义（方文，2018）。对乡村文化的有效挖掘、引导和

[①] 苏州市农业农村局. 吴中区旺山村发挥资源优势 构建美丽乡村 努力实现村级集体经济发展新跨越[EB/OL]. [2021-09-24]. http://nyncj.suzhou.gov.cn/nlj/ywdt/202109/cd0287cbf40344a4a1e36ffaefe61d8b.shtml.

展示，对于提升农民精神风貌，培育文明乡风、良好家风、淳朴民风，不断提高乡村社会文明程度具有重要意义。

乡村文化既是乡村旅游发展和美丽乡村建设的灵魂，也是促进乡村旅游和美丽乡村建设协调的凝聚力。同时，乡村旅游和美丽乡村建设在乡村文化上的综合利用表现是二者协调的重要表现。第 5 章对乡村旅游和美丽乡村文化协调度的评价，主要是从乡土文化原真性保护及开发、农村风貌改造、乡村景观与农村建筑的协调、村民对乡村文化的认同感、农土特产品开发等角度。这些角度综合反映了乡村旅游发展和美丽乡村建设对乡村文化的利用程度、效益发挥、影响作用等。

美丽乡村是展示乡村文化的重要载体，乡村旅游则是活化乡村文化的有效途径，乡村旅游发展和美丽乡村建设协同推进乡村文化挖掘、展示和利用，关键要在运用三类乡村文化形态上加强配合。

一是对于实物载体乡村文化资源，正确处理传统与现代、继承与发展的关系，把保留传统乡村文化风貌融入村庄规划建设的全过程，充分挖掘和全面展示乡土文化资源。美丽乡村建设在风格上注重对文化元素的展示，如在民居外部改造上严格按照地方风格和特色进行打造，使其与乡村建设相互辉映、相得益彰，充分彰显乡村文化魅力。同时，将有景观价值和文化底蕴的旧民宅及古树名木、古桥、古井等历史遗存，与景观小品、文化广场、村史博物馆（展示馆）等建设有机结合，打造独特的乡村景观。乡村旅游则要做好这些特色乡村景观的旅游活化，把景观变成景点，丰富旅游吸引物。

二是对于非物质文化中的乡村技艺，要做好传承与保护。美丽乡村建设要配合当地非物质文化遗产的挖掘和保护工作，如在建筑元素、景观设计、配套设施等方面积极引入和展示非物质文化项目元素，在建设中考虑非物质文化项目传承、展示和发展对场地、设施的需求，配套建设有关乡村非物质文化遗产展示、销售、传习场所。乡村旅游发展则将非遗保护项目、乡村技艺等作为重要的旅游吸引物，利用美丽乡村建设的建筑、景观、功能场所等，做好旅游开发。同时，注重引导将乡村技艺进行旅游商品转型和包装，鼓励将传统技艺融入文创元素，开发出小巧、便携、居家实用的特色旅游商品，拓展乡村技艺产品的销路，增强乡村技艺活态传承能力。如四川省德阳市绵竹市孝德镇年画村，是国家级非物质文化遗产——绵竹年画南派的发源地。当地将年画文化要素运用在美丽乡村建设中，每家农家外墙都有主题年画装饰，同时，在对村民房屋进行改造时，注重把居住与年画创作相结合，使得每家农户院子既是生活场所，又是年画创作的工坊、年画展示和销售的场所，一屋多用。年画还成为独特的旅游吸引物，并开发出年画礼品、年画工艺品、年画生活用品等近 20 种年画产品。孝德镇年画村已整村打造成了 4A 级景区。

三是对于精神层面的文化习俗、乡风民俗以及新时代的文明新风，需要在场所空间和展示空间上做好保障。在美丽乡村建设中增强硬件设施以及场所的保障，规划和完善文化教育基础设施，统筹推进乡村文史馆、乡村书屋、乡村文化站、乡村文化广场、广播电视户户通、乡村体育健身工程等一系列惠民工程建设，丰富乡村居民文化休闲生活，为开展社会主义核心价值观教育、解读最新乡村政策、开展文明村民与文明家庭评选活动等提供场所支持。乡村旅游发展可以把丰富的文化习俗等转化为老百姓喜闻乐见并积极参与的文化旅游活动，如开展美食节、山歌节、丰收节等主题活动，以及一系列民俗活动等，还可以进行舞龙、舞狮、传统曲艺等旅游展演，丰富乡村旅游活动内容，吸引更多游客来访。

【案例解析 6-5】
明月村：传统工艺促进乡村振兴[1][2]

明月村位于四川省成都市蒲江县甘溪镇西部，全村面积 6.78km^2，截至 2019 年，全村 723 户，2218 人。明月村拥有邛窑旧址，具有历史悠久的传统陶艺手工艺传承。在美丽乡村建设中，明月村依托本土陶艺文化，以传统陶艺手工艺为核心，引进知名陶艺家、艺术家，培育本土手工艺人，形成以陶艺为特色的文创项目和文化创客集群，将明月村打造为西部第一、国内外知名的陶艺文创特色村。在 2009 年之前，明月村还是市级贫困村。通过陶艺村建设，完善基础设施，引进艺术类项目，以乡村旅游为载体，实现了乡村文化传承。2018 年，全村共接待游客 23 万人次，餐饮、民宿收入达 3000 余万元，文创及乡村旅游总收入达 1.08 亿元，实现人均可支配收入 21876 元。

具体来看，在空间建设上，明月村除原样修复村内的百年老窑遗址外，还新建了陶瓷展厅、素食和禅茶体验馆，初步形成"一座瓦窑山，两口老窑子；四个陶品牌，六个博物馆；八个工作室，一条绿环线；一个微聚落，两个大社区"的新型文创项目格局，形成了 32 亩的陶瓷文化旅游区。在管理运营上，明月村采取"文创+农创"的模式，引进项目必须符合明月村的发展定位，要跟当地的农业、手工业结合，与传统手工艺有连接。此外，注重乡风文明的引导，2015 年，通过政府购买公共文化服务的方式，"3+2 读者荟"等社会组织在明月村发起"明月讲堂"，邀请来自北京、上海、台湾等地的嘉宾，为村民们讲述乡村建设、社群营造与文化传承等。明月村还开设陶艺、茶艺、草木染、篆刻等手工艺培训，开展音乐、舞蹈、书画、诗歌等艺术普及和旅游服务、旅游管理、旅游产品研发、旅游项目拓展等培训，共 240 余期，年培训 1.5 万人次，成功培育乡村文旅能人 100 余人。到明月讲堂听课，已经成为部分村民的一种习惯。

---

① 资料来源：课题组 2019 年 10 月赴明月村调研记录及报告。
② 红星新闻网. 传统工艺促进乡村振兴 蒲江明月村案例受关注[EB/OL]. [2019-10-19]. http://news.chengdu.cn/2019/1019/2078071.shtml.

启示：

通过明月村的发展，可以看出，不同的地区由于自然环境和文化背景的不同，形成了各具特色的建筑风貌和布局形式。如明月村极具当地民俗风情的建筑，突出展现了浓郁的地方特色和地域文化，是农村重要的组成部分和外在表现形式。所以，在美丽乡村建设中，既要为农民提供现代化的生活条件，又要保留和继承农村传统的民俗文化。同时，每个村都有自己的历史文化，要善于发掘历史，充分利用文化资源，如现有的手工艺技术、民间艺人等，突出自身的文化特色，使其成为发展乡村旅游的重要因素。此外，村民是新农村建设的主体，必须提升其综合素养。在文化素养方面，通过已有文化设施开展各种公共文化活动，让村民在潜移默化中提升自己的道德情操和文化素质，培养村民的法制意识、卫生健康意识、现代化意识等。在技能素质方面，通过各种专项讲座，开展有针对性的技能培训，使村民更积极地参与到乡村旅游发展和美丽乡村建设中。

【案例解析 6-6】
四川道明竹艺村——非遗文化实现乡村振兴①②

四川省崇州市道明竹艺村，国家非物质文化遗产竹编所在地。道明村作为竹编传承胜地，已有 2000 多年历史。该村以一座名为"竹里"的竹文化建筑民宿为中心，深度挖掘竹编文化，提质升级竹编产业，形成了集制作、加工、展销、教学、体验为一体的竹艺休闲产业。游客可以在道明村听风赏竹、烹水煮茶，参加艺术节、建造节等各类特色活动。

具体来看，道明村主要是利用竹编文化，实现产业振兴。通过建设竹编博物馆，为游客提供竹编制作体验，并在竹编产品中加入流行设计元素，为原本简单的竹编产品赋予更多的艺术感，以此提高产品的价值。同时，依托林盘打造民宿酒店，形成独特的乡村文化旅游产业。林盘是四川几千年来形成的集生产、生活、景观于一体的居住形态和建筑形式。引进公司，租赁当地村民闲置的房屋改造为具有特色的民宿酒店，利用竹材料打造网红建筑"竹里"、竹编博物馆等标志性建筑，形成三径书屋、遵生小院、来去酒馆、青年旅舍等多元业态，打造休闲农田体验区。

启示：

在实施乡村振兴战略的过程中，农村资源正迎来价值重估时期，非物质文化遗产资源正是对农村资源价值重估的重要思考。以此为契机，将非物质文化遗产资源作为主导产业以打造完整的产业链，并将非物质文化遗产植入现代乡村空间，

① 资料来源：课题组 2019 年 11 月赴崇州调研记录及报告；小竹林也有大作用，四川道明竹艺村靠她实现乡村振兴![EB/OL]. [2019-5-12]. https://xw.qq.com/amphtml/20190512A0GN6M00.
② 今日崇州. 道明竹编、竹艺村走出国际范儿[EB/OL]. [2019-1-23]. https://www.sohu.com/a/291001037_348897.

可以为乡村增加文化内涵。道明村将当地特色竹编文化深度融入美丽乡村建设和乡村旅游项目中，将土地、房屋、人力、资源等要素重新组合，催生新的产业空间，带来全新业态和农商文旅融合发展，链接了村民、村集体、文创从业者等主体，激活了旅游业、现代农业、服务业、电商等多种业态。

6.4.4　管理协同路径：提高基层党组织引领作用

乡村振兴，治理有效是基础。农村基层党组织是党在农村全部工作和战斗力的基础，是农村各项事业的领导核心。促进美丽乡村建设，以乡村旅游为代表的乡村产业发展是农村基层党组织的重要职责之一。一方面，农村基层党组织可以充分发挥政策导向优势，及时传达有关乡村振兴的战略部署和乡村产业发展的政策，从而为美丽乡村建设、乡村旅游发展争取有力的政策支持。另一方面，农村基层党组织可以通过发挥政治优势，团结发动群众，有效整合各方资源，为美丽乡村建设、乡村旅游发展提供力量支持。第5章对乡村旅游与美丽乡村建设之间管理协调度的评价，重点是村民的参与度与满意度。"两度"的提高和保障，离不开基层党组织作用的充分发挥。这也是美丽乡村建设与乡村旅游发展管理协同路径的关键所在。

一是优化和调整乡村旅游"产业型"党组织设置。一方面，以"新建"为主，着力提高党组织在乡村旅游产业组织中的覆盖率。关键是要把党支部建立在乡村旅游产业链中、建在乡村旅游经营服务第一线，加快成立农家乐(民宿)协会党小组、乡村旅游景区党支部、乡村旅游合作社党支部等"产业型"党组织，提高党组织对乡村旅游各经营主体及相关社会组织的有效覆盖。另一方面，以"联合"为主，着力发挥农村基层党组织对乡村旅游"产业型"党组织建设的带动作用。支持和鼓励乡村旅游景区、度假区、连片民宿区等与所在地的基层党组织建立联合党支部，实现乡村旅游经济组织资源与政治组织资源的有效对接和优势互补，进一步提高基层党组织引领乡村旅游发展的号召力和战斗力。

二是注重发挥合作组织作用。进一步完善"党支部+协会""党支部+专业合作社""党支部+公司+景区+农户"等模式，以党组织为核心，以乡村旅游协会、合作社等为依托，吸纳农民群众积极参加美丽乡村建设与乡村旅游开发。如陕西省咸阳市礼泉县烟霞镇袁家村村民自主成立小吃协会、农家乐协会、回民食品协会、酒吧协会和手工作坊协会等，一旦发现有不合格的食材和食品则当场销毁，立即关门整顿，情节严重的将责令其退出袁家村。每逢节假日，村里迎来大量的客流时，村民、干部都会自发地戴上红袖章走上街头维护秩序、打扫卫生，共同治理袁家村。[①]

---

① 致富帮. 村集体资产20亿？揭秘——袁家村的"致富密码"[EB/OL]. [2017-11-25]. https://www.sohu.com/a/2065 82143_237434.

【案例解析 6-7】

紫溪彝村："党建+乡村旅游"助力构建美丽彝村①②

紫溪彝村位于云南省楚雄彝族自治州楚雄市紫溪镇。紫溪镇立足紫溪彝村区位优势和产业发展特点，全面推进基层党组织、美丽乡村、乡村旅游与彝族群众的融合发展，从坚强堡垒、村务管理、志愿者服务等多个方面，营造和谐秀美的美丽乡村。

一是建强堡垒，优化乡村旅游"功能型"党组织设置。2016 年 9 月，紫溪镇党委和紫溪社区党总支部积极谋划，成立了乡村旅游联合党支部，做到把党支部建在乡村旅游产业链上。二是"党建+村务管理"，优化乡村旅游环境。充分发挥基层党组织的先锋模范作用，由党员负责包保责任区内的环境卫生、民事调解、消防安全等工作，并带动村民形成环保意识。三是党支部牵头成立餐饮住宿专业合作社，凝聚乡村发展力量。把紫溪彝村和附近宋村的所有乡村农家乐和乡村客栈纳入统一管理，对菜品采购、收费标准等方面进行统一规范，定期进行星级评定，对违反规范的经营户进行降星、经济处罚等措施。此外，党支部积极与镇共青团、妇联等群团组织联动，以服务景区、服务游客、服务党员、服务社会为重点，开展以"四支队伍、四项服务"为主题的志愿服务活动，成立环境卫生服务队、治安巡防队、文化宣传队、文艺服务队共 4 支队伍，积极组织党员干部在旅游高峰期，为广大游客提供信息咨询服务。

启示：

紫溪彝村立足区位优势和产业发展特点，全面推进"党建+乡村旅游"，通过建强堡垒、搭建平台、强化管理、培树品牌、丰富载体，探索实施"党支部+企业+合作社+乡村旅游"多元化发展模式，推进基层党组织、乡村旅游与彝族群众的融合发展，走出了一条"党建引领聚合力、群众为主强基础、文化为核树品牌、多元发力促振兴"的发展新路。紫溪彝村的发展，实质上是以"党建带文化、文化带旅游、旅游带经济"促进乡村旅游产业不断发展壮大，实现乡村旅游经济组织资源与政治组织资源的有效对接和优势互补，充分发挥基层党组织的先锋模范作用，积极支持乡村旅游发展带头人发挥"领头雁"作用，更好地满足游客吃、住、娱、购、体验等多元需求。

---

① 资料来源：课题组 2019 年 3 月赴楚雄调研记录及报告。
② 楚雄日报. 紫溪镇"党建+乡村旅游"助推产业发展[EB/OL]. [2017-11-13]. http://www.chuxiong.cn/old-szb/html/2017-11/13/content_51360.htm.

【案例解析 6-8】

陈桥村："支部党建+乡村旅游"——乡村产业振兴的新尝试①

陈桥村是江苏南通如皋市下原镇下辖村，与白蒲镇接壤，蒲黄公路贯穿全境，全村拥有 26 个居民小组，930 个农户，总人口 3340 人；村域面积为 4 平方公里，耕地面积 2520 亩。陈桥村位于下原镇最东部，地理位置偏僻，原本交通闭塞，是一个纯农业经济薄弱村。

在 2018 年，作为南通市"三个全覆盖"试点村和如皋市乡村产业振兴示范村创建单位，该村不断优化乡村旅游"功能型"党组织设置，把党支部建在乡村旅游产业发展中心上，建在乡村旅游经营服务第一线，党建转化为旅游优势。抢抓"距离通皋大道规划道口仅 1 公里"和"如皋创建国家全域旅游示范区"的双重机遇，以支部党建为载体，着力建设特色田园乡村，走出了一条党建推动旅游发展促进乡村产业振兴的特色发展之路，形成了"绿野红情"党建闭环工作效应。

一是，突出组织引领，完善乡村旅游"产业型"党组织设置。完善基层党组织设置是农村党建设工作的起点，是农村基层党组织发挥作用的基础和保障。优化和调整乡村旅游"产业型"党组织设置，关键是要把党支部建立在乡村旅游产业链上，建在乡村旅游经营服务第一线。2018 年，该村设置了陈桥村党总支旅游支部，驻村第一书记陈韦嘉任支部书记，在职期间充分发挥派驻单位优势，加强党支部建设，凝聚支部党员合力，全力协助解决推进过程中遇到的道路、沟渠、土地、要素资源、环境打造、历史遗留问题等矛盾，全面推动乡村旅游发展和农村环境面貌显著提升。二是突出能人引领，选好乡村旅游发展带头人。由支部党员陈子芬投资 2000 万元，整合 450 多亩土地资源，新建五层 4000 多平方米的旅游宾馆及游客中心、停车场、星级厕所等配套设施，建成了如皋市绿野生态农业观光中心。打造后的旅游区内，水玩生物园 100 多亩，桃、桑、梨、柿、枇杷采摘园 150 多亩，名贵苗木观赏园 200 多亩，不仅实现了陈桥村乡村旅游产业从无到有的转变，而且促进了农业的转型升级。三是突出政策引领，形成加快乡村旅游发展的工作合力。近年来，党和国家以及有关部委相继出台了关于乡村旅游发展的系列政策、意见、规划。"上面千根线，下面一根针"。"政策大礼包"在陈桥村转化了为了加快乡村旅游发展的实践，当好了解政策的"明白人"，做好落实政策的"实干家"，"牵头"形成了推动乡村旅游可持续发展的工作合力。全村通过创建江苏省三星级乡村旅游区，进一步带动了周边 120 多户村民增加了劳务性收入和经营性收入，其中优先针对本村经济基础薄弱的家庭提供就业岗位，帮助他们在家门口增加家庭收入。同时，陈桥村还以发展乡村旅游为抓手，开展"美丽庭院"创建评比活动，深入推进污染防控攻坚战，促进了畜禽粪污整治、水环境整治、美丽乡村建设等重点工作的开展，深化了乡村生态文明建设。

---

① 中共如皋市委新闻网. 乡村产业振兴新尝试："支部党建+乡村旅游"[EB/OL]. [2018-11-15]. http://news.cpcrugao.cn/2018/1115/146607.shtml.

启示：

陈桥村突出党建引领、党员先锋带头作用，通过汇聚党员智慧和力量，加快乡村旅游设施建设和服务提升。并推动"支部党建+乡村旅游"常态化，在创建过程中，驻村第一书记陈韦嘉充分发挥基层党组织在乡村振兴中的根本性作用，探索研究出党建工作的"闭环效应"：通过党建引领推动乡村旅游，乡村旅游推动村民增收，村民增收促进广大群众相信党员、信赖党组织，最终又推动了党的建设。"支部党建+乡村旅游"的模式不仅推动了乡村振兴战略在陈桥村的扎实推进，还提升了基层党组织的凝聚力、向心力。

6.4.5 利益协同路径：建立农民共建共享利益机制

乡村振兴，生活富裕是根本。从工作要求看，就是要促进农民增收，而其中的关键就是要突出农民的主体地位，围绕农民群众最关心的利益问题，建立农民共建共享利益机制，保障农民获得持续收益。

从第 5 章对社会协调度的评价看，乡村旅游与美丽乡村建设在乡村社会发展上协调的状态和水平，主要表现在农民个人生活、发展和保障水平，以及乡村旅游发展所带来的经济效益等方面。美丽乡村最直接的目标就是持续改善农村人居环境，而乡村旅游是乡村特色产业的重要类型之一，可以说一个是生活富裕的"面子"，一个是生活富裕的"里子"。乡村旅游发展与美丽乡村建设的利益协同路径，关键是要把"面子"与"里子"有机结合。

一是保障农民主体地位。作为乡村的主人，农民是美丽乡村建设的直接受益者，也是美丽乡村建设的主力军。农民主体作用的发挥，是美丽乡村建设的关键因素。但是由于在观念认识上存在误区、能力水平限制、规划"不接地气"等，一些地方的农民参与美丽乡村建设、乡村旅游发展的积极性相对不高(杜强，2019)。这就要求在乡村旅游发展和美丽乡村建设中，要坚持农民主体地位，充分尊重农民话语权，引导农民树立乡村建设发展主人翁意识，让农民充分表达对美丽乡村建设、乡村旅游发展有关事务的意见和建议，鼓励和支持农民广泛参与到乡村旅游开发中，保障其通过发展农家乐、特色餐饮、民居接待和特色民族工艺品的生产销售等获得收益，实现由"要我建"向"我要建"、由"等等看"向"主动干"的转变。

二是坚持问题导向，积极回应农民群众最关心的利益问题。满足农民的合理利益诉求是保障其发挥主体作用的动力。在乡村旅游发展和美丽乡村建设中有许多涉及农民群众最关心的问题，如住房改造、道路硬化、村庄绿化、环境设施修建等硬件设施的建设改善，教育、医疗、养老、保险等软环境建设，乡村旅游客流量的稳定保障，发展乡村旅游带来的生活成本增加等，这些都是农民最关心、最在意的问题。这就要求美丽乡村建设要统筹推进硬件设施建设和软环境改善，并通过硬件设施完善和软环境改善，为乡村旅游发展营造良好的发展环境，促进乡村旅游高质量发展，树立特色品牌，使得农民通过参与乡村旅游经营和就业的收入能持续提高。如成都市蒲江县甘溪镇明月村，在美丽乡村建设中，村民将房屋租给乡村文化旅游项目方进行改造，不仅居住环境得到提升，而且每年还能获得租金收入、项目业主支付的看管项目工资，拓宽了增收的渠道。

三是建立农民共建共享机制。从体制和机制上，不断完善"景区+公司+农户""公司+专业合作社+农户""政府+企业+村委会+农户""公司+合作社+村集体+农户"等模式，构建多主体的利益联结机制，通过民宿协会、农家乐协会、乡村旅游合作社等将农村分散、闲置的资产进行整合，以规模化效应解决个体农户不易办到、政府部门不能包办的事情，让村民通过资金、土地、林地、劳动力等资源入股，实现资源变资产、资产变股金、农民变股东。针对有土地、无资金、无技术的村民，积极动员他们把闲置房屋、撂荒土地等入股加入公司或合作社，领取分红。如贵州省黔东南苗族侗族自治州锦屏县制定了乡村旅游发展利益分配机制体制改革实施方案，明确建立乡村旅游利益分配奖励和调节机制，在乡村旅游发展过程中，对景区边缘不能直接受益且经济状况较差的村民进行合理补偿，通过构建密型利益联结机制，让农户从美丽乡村建设、乡村旅游发展中充分、持续、长期受益。

【案例解析 6-9】

袁家村：建立共建共享共富利益机制[①②]

袁家村位于陕西省咸阳市礼泉县烟霞镇。2007 年，袁家村率先提出打造关中民俗文化旅游第一品牌的目标，大力开发乡村旅游业，由三产带动一产、二产发展。目前，袁家村有 400 多名原村民，村资产达到 1 亿多元，村民家住上了小洋楼，人均住房面积 52m²，实现了村民共同富裕。同时，引入 3000 多名新村民，产业链惠及 10 个村庄和上万名农民。袁家村先后入选"中国十大美丽乡村""全国乡村旅游示范村""中国十佳小康村"，成为乡村振兴的典范。

袁家村在美丽乡村建设基础上，以乡村旅游为突破口，以村庄为载体，以村民为主体，通过股份制改革，经过一系列创新实践，探索形成了三产带二产连一产的"三产融合"发展体系，以股份合作为纽带的共建共享共富的分配体系，成功探索出一条实施乡村振兴战略的"袁家村模式"。具体来看，袁家村为全体村民搭建了一个创业平台——村民合作社，实行优势项目股份制管理，最终实现利益共享。通过开展多种形式的合作与联合，带动全体村民共同致富，有效调动了村民参与美丽乡村建设的积极性，主动为本村做贡献，自觉维护本村形象。如袁

---

① 资料来源：课题组 2017 年 8 月赴袁家村调研记录和报告。
② 乡村发现. 赵强社：新时代农村集体经济的袁家村"一新九法"模式 [EB/OL]. [2018-8-15]. https://www.zgxcfx.com/sannonglunjian/112390.html.

家村乡村旅游中最具特色的"关中美食小吃街"成立了由所有经营者投资入股的合作社，合作社由袁家村旅游公司统一经营管理，收入归集体所有，股东都是袁家村村民(含原住民和新村民)，每年按股分红。2012 年以后，袁家村又陆续成立了粉条、豆腐、醋、油、辣椒等 20 余个合作社。为保障村民收入均衡，实现共同富裕，合作社规定：收入高的村民要少入股，低收入家庭和低收入村民可以多入股。

启示：

为实现乡村振兴的目标，乡村旅游必须坚持改革创新之路，引导和激励各利益主体共同发力，协同推进。袁家村以股份合作为纽带的共建共享共富分配体系，鼓励各类人员进行创新创业，培育 3000 余名创客，使美丽乡村建设、乡村旅游发展的各个主体形成紧密的利益捆绑，促进了集体与农户利益的均衡发展，为乡村旅游与美丽乡村建设协调发展带来了新的能量。

【案例解析 6-10】

都江堰七里诗乡：乡村社区"合作模式"建立利益机制[①②]

七里诗乡核心景区位于四川省都江堰市柳街镇七里村和金龙村，被誉为中国民间文化艺术之乡、诗歌之乡、中国田园诗歌小镇，也是首届"中国农民丰收节"全国六个分会场之一和四川省首届庆丰收活动的主会场。

近年来，七里诗乡探索多元参与的"合作社+"模式，通过就业带动、保底分红、股份合作等形式，让农民稳定、长期、合理分享全产业链增值收益。率先成立"七里诗乡"乡村旅游合作社，采取"合作社+农户""合作社+返乡创业人才""合作社+社会资金"的模式，对区域内的特色民宿、书吧茶室、特色旅游商品、无公害农产品等进行规范化运营。盈利按农户资源资产和社会资金投入比例进行分配，农户以保底分红的形式进行创收。2018 年，七里诗乡共接待游客 30 万人次，乡村旅游总收入达 450 万元。

启示：

"合作社+"模式，创新了村民的就业方式，增加了村民收入，促进了乡村经济发展；合作社主导的规范化经营也让七里诗乡的游客量不断增加。在推进乡村旅与美丽乡村建设利益协同上，必须建立农民共建共享利益机制，充分发挥合作社的示范带头作用，调动村民积极性，通过"合作社+"的模式，探索更多经营管理方式，促进产业深度融合发展。

---

① 资料来源：课题组 2019 年 12 月赴都江堰调研记录和报告，参考银元编著的《乡村旅游合作社发展与建设研究》(国家行政学院出版社)；遇见都江堰. 都江堰新晋好耍地"七里诗乡"，绿道、林盘、美食……一网打尽！[EB/OL]. [2018-8-29]. https://www.sohu.com/a/250807046_348885?qq-pf-to=pcqq.c2c.
② 每日都江堰. 七里诗乡缘何"吸粉"来看乡村振兴的都江堰实践[EB/OL]. [2018-10-23]. https://www.163.com/dy/article/ DURA264B0514MLQ7.html.

6.5 小　　结

乡村旅游发展与美丽乡村建设内容的开放性、发展过程的动态性、发展目标的一致性、发展效益的整体性，决定了二者具有协同的可能与必要。从机制上看，乡村旅游与美丽乡村协同发展是一个多层传导驱动力、多次调整状态、多级行动响应的过程，乡村旅游与美丽乡村协同发展既是响应乡村振兴战略的行动必然，又是调整和优化乡村旅游与美丽乡村协同发展状态的内在诉求，通过推进特色乡村旅游目的地的产业发展，最终实现乡村振兴和乡村现代化目标。具体来看，乡村旅游与美丽乡村协同发展的路径包括：以做大做强美丽经济为核心的产业协同路径、以整村推进乡村旅游目的地建设为目标的环境协同路径、以推进乡村文化活化利用为重点的文化协同路径、以提高基层党组织引领作用为关键的管理协同路径、以建立农民共建共享利益机制为重点的利益协同路径。

第7章 实 证 研 究

7.1 都江堰的实证研究

7.1.1 都江堰基本情况介绍

都江堰市位于成都平原西北部，是由成都市代管的县级市，位于北纬 31°44′54″～31°02′9″，东经 103°25′42″～103°47′0″。全市面积 1208km²，辖幸福、灌口、奎光塔、银杏、蒲阳、玉堂 6 个街道办事处；聚源、天马、龙池、青城山、石羊 5 个镇；1 个省级经济技术开发区，截至 2020 年，全市户籍人口 62.05 万人，常住人口 71.01 万人。近年来，都江堰市组建乡村旅游发展合作社，打造了一批乡村旅游发展亮点，促进了一、三产业互动，实现了乡村旅游的可持续发展。2010 年，都江堰市就成功创建"四川省乡村旅游示范市"，并在 2013 年通过复核。经过 10 年的实践，全市乡村旅游产业得到进一步发展的同时，美丽乡村建设也取得了较大突破，多处乡村被评为省级精品村寨。虽然都江堰市乡村旅游发展与美丽乡村建设取得了一定成就，但由于受到境内地势西北高、东南低，山地丘陵面积占比大，平坝面积占比小的影响，再加上近年来成都市"西控"战略的实施，乡村旅游与美丽乡村建设协调发展开始面临新的机遇和挑战，选择该区域对乡村旅游与美丽乡村建设耦合协调性及障碍因子进行分析具有一定的代表意义。

7.1.2 数据来源及处理

本节的基础数据主要来源于 2013～2018 年的《都江堰市国民经济和社会发展统计公报》、2013～2018 年的《都江堰市统计年鉴》等，部分数据来源于 2018 年的《都江堰市全域旅游发展总体规划》项目组调查问卷统计资料。

7.1.3 权重确定

首先运用 SPSS16.0 软件对 34 个指标(表 5-10)进行相关性检验，然后对采集的原始数据进行标准化处理，再运用基于突变决策的熵权改进方法确定各指标因子权重及其对总目标的贡献率(表 7-1)。

表 7-1　指标因子权重表

准则层	权重	要素层	权重	指标层	权重	贡献率
B_1	0.497	C_1	0.489	X_1	0.149	0.036
				X_2	0.132	0.032
				X_3	0.127	0.031
				X_4	0.133	0.032
				X_5	0.179	0.044
				X_6	0.146	0.035
				X_7	0.134	0.033
		C_2	0.511	X_8	0.091	0.023
				X_9	0.174	0.045
				X_{10}	0.143	0.036
				X_{11}	0.115	0.034
				X_{12}	0.097	0.024
				X_{13}	0.145	0.043
				X_{14}	0.154	0.026
				X_{15}	0.081	0.021
B_2	0.334	C_3	0.637	X_{16}	0.143	0.030
				X_{17}	0.168	0.036
				X_{18}	0.129	0.027
				X_{19}	0.135	0.029
				X_{20}	0.177	0.038
				X_{21}	0.122	0.026
				X_{22}	0.126	0.027
		C_4	0.363	X_{23}	0.188	0.023
				X_{24}	0.176	0.021
				X_{25}	0.162	0.020
				X_{26}	0.187	0.023
				X_{27}	0.115	0.014
				X_{28}	0.172	0.021
B_3	0.169	C_5	1	X_{29}	0.194	0.033
				X_{30}	0.142	0.024
				X_{31}	0.148	0.025
				X_{32}	0.192	0.033
				X_{33}	0.158	0.027
				X_{34}	0.166	0.028

注：各指标所代表内容见表 5-10，后同。

7.1.4 建设发展水平评价结果

根据指标体系和耦合协调水平评价方法,得到 2012～2017 年都江堰市乡村旅游与美丽乡村建设发展水平分值以及各个准则层系统分值(图 7-1)。

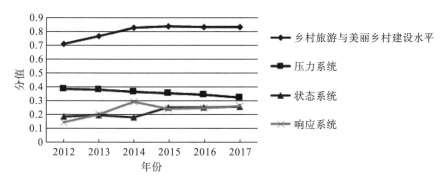

图 7-1 乡村旅游与美丽乡村建设水平评价结果

从图 7-1 可以看出,2012～2017 年,都江堰市乡村旅游与美丽乡村建设发展水平成一条比较缓和的曲线,从 2012 年开始整体协调水平呈上升趋势,但在 2015 年有明显的下降,2017 年整体水平又得到提升。从压力、状态和响应三个子系统对乡村旅游与美丽乡村建设发展水平总体目标的贡献看,压力系统从 2012 年的 0.386 下降到 2017 年的 0.323,这说明在生态文明建设、产业结构升级等多种因素的影响下,协调压力逐渐减小;状态系统的分值从 2012 年开始一直处于上升趋势,特别是 2015 年上升幅度最大,这说明状态系统分值快速提升是协调水平提升的重要原因;响应系统的分值从 2012 年开始呈起伏上涨趋势,2014～2015 年上升幅度最大,这说明随着乡村旅游发展水平的提升以及美丽乡村建设要求的提出,地方政府和企业采取了一定的措施来提升二者的协调发展水平。

7.1.5 协调度测算结果

从 2012～2017 年都江堰的乡村旅游与美丽乡村建设协调度水平测算结果看(图 7-2、表 7-2),整个系统的协调度水平从 2012 年的比较协调到 2014 年的基本协调再到 2017 年的非常协调,2014 年是这 6 年的一个转折点。

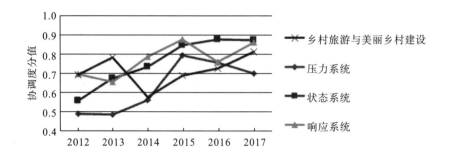

图 7-2　乡村旅游与美丽乡村建设的协调度评价结果

表 7-2　乡村旅游与美丽乡村建设的协调度评价结果

年份	协调度	协调等级
2012	0.693	比较协调
2013	0.782	比较协调
2014	0.576	基本协调
2015	0.686	比较协调
2016	0.725	比较协调
2017	0.813	非常协调

　　2010 年，都江堰成功创建四川省休闲农业与乡村旅游示范县，并在 2013 年通过复核验收，全市乡村旅游发展得到大力扶持，乡村旅游产业得到蓬勃发展，而在这期间，随着 2008 年汶川大地震灾后重建的逐步推进，全市的乡村建设水平逐年提升，乡村旅游发展与美丽乡村建设的协调度也得到相应提升。需要注意的是，2014 年，全市乡村旅游与美丽乡村建设的协调度有所下降，原因在于，这一年与上一年相比，都江堰的全市地区生产总值增速下降了 1.3 个百分点、农作物播种面积下降 3.7%、第二产业投资下降 17%、第三产业投资下降 30.5%，同时乡村旅游人次和乡村旅游收入增速也有所下降。而 2014～2017 年，乡村旅游与美丽乡村建设的协调度从 0.576 上升到 0.813，年均增幅达到 14%，而且在这期间，压力系统的分值呈逐步下降的趋势，三大子系统对总目标的贡献度得到共同增长，这是乡村旅游发展和美丽乡村建设比较理想的协调发展模式。

　　在整个测算过程中，为了明确乡村旅游与美丽乡村建设内部要素之间的协调度，分别对压力、状态和响应三个子系统的内部要素也做了协调度分析。从图 7-2 可以看出，2012～2017 年三大子系统内部的协调度均为 0.4～0.9，三大子系统内部各要素之间的协调度均保持在基本协调以上，并且状态和响应子系统内部各要素之间的协调度在这 6 年间总体呈上升趋势，压力系统在这 6 年间呈现波动状态。这说明三大子系统各要素相互之间的协调作用在过去得到了一定重视，但重视程度还不够，特别是压力系统。

结合乡村旅游与美丽乡村建设发展水平看，建设发展水平与协调度二者之间的关系并没有呈现明显的正相关。从协调度的内涵和数学定义，可以得出压力、状态和响应三大子系统的得分值，其越接近则乡村旅游与美丽乡村建设之间的协调度越高，这与系统分值的具体大小并无太大关系。因此，2015～2017 年，压力系统的分值不断下降，状态和响应系统分值不断上升，乡村旅游与美丽乡村建设水平不断下降，但由于三大子系统的分值逐渐趋近，所以协调度反而上升。

7.1.6　障碍因子识别结果

运用障碍因子识别模型对都江堰的各个评价因子的障碍度进行计算，识别障碍因子的依据为"障碍度大于 5"，由此得出 2012～2017 年都江堰市乡村旅游与美丽乡村建设的障碍因子识别结果，选取每年障碍度排前 5 名的因子，见表 7-3。

表 7-3　乡村旅游与美丽乡村建设的障碍因子评价结果

年份	排名第 1	排名第 2	排名第 3	排名第 4	排名第 5
2012	$X_2$16.77	$X_6$15.32	X_{12}15.09	X_{30}12.43	X_{33}10.87
2013	$X_2$17.81	$X_6$16.29	X_{26}14.44	X_{30}11.22	X_{33}7.52
2014	$X_2$17.88	$X_6$16.99	X_{30}10.73	X_{34}8.22	X_{23}8.43
2015	X_{34}17.67	X_{23}15.34	X_{29}13.29	X_{33}11.44	$X_6$8.67
2016	X_{34}16.44	X_{33}14.77	X_{23}10.44	X_{30}9.55	X_{29}6.33
2017	X_{33}15.44	X_{34}11.63	X_{23}9.74	X_{29}8.43	X_{30}8.02

从表 7-3 可以看出，影响都江堰乡村旅游与美丽乡村建设协调发展的因子从时间上看并不是不变的，随着时间的推移，其障碍因子的类别、障碍度都处于动态变化状态。

2012～2014 年，障碍度前 5 的指标包括乡村旅游收入占 GDP（村集体经济）的比例、乡村旅游收入占新型农业经营主体经济收入比重、标准化生产普及率以及游客满意度。说明在这三年中，乡村旅游发展对都江堰经济发展水平的贡献是乡村旅游与美丽乡村建设协调发展的最大障碍因素。同时，除标准化生产普及率外，这几大因子的障碍度在 2012～2014 年还略有上升，而乡村旅游与美丽乡村建设协调度在这三年也呈下降趋势，说明乡村旅游产业发展规模与质量在一定程度上影响了乡村旅游与美丽乡村建设的协调关系。

2015～2017 年，乡土文化原真性保护及开发率、游客满意度和乡村智慧旅游普及度三大因子连续三年排名前 4，特别是游客满意度呈现上升趋势，在 2017 年成为影响乡村旅游与美丽乡村建设协调发展的最大障碍因子。另外，乡村智慧旅游普及度也连续三年成为障碍度较大的因子之一，这从侧面反映出乡村旅游与美丽乡村建设在服务方面的不足，影响了二者的协调发展，如何提升村民的综合素质以及服务水平，是都江堰未来乡村旅游发展与美丽乡村建设需要着重解决的问题。

另外，村庄规划编制及执行率也是一个重要的障碍因子，特别是近几年，随着都江堰乡村旅游发展和美丽乡村建设的推进，大多数村庄编制了相应的规划，但是在具体执行过程中，对于资源的开发和保护力度不够，特别是对川西林盘文化、灌溉文化、古建筑、古遗址、民俗文化等的保护投入力度难以跟上产业发展与乡村建设以及外来游客涌入的力度，这在一定程度上对乡土文化原真性保护形成了一定的冲击，因此，未来都江堰市对文化原真性保护的投入力度还要继续加强。

总体上看，2012～2017 年都江堰的乡村旅游与美丽乡村建设协调障碍因子是从经济、环境类向社会、文化和管理类转变，这与都江堰乡村旅游发展与美丽乡村建设的实际情况比较吻合。未来，都江堰乡村旅游发展与美丽乡村建设协调推进面临的重要挑战也主要来源于社会、文化和管理要素的各类因子。

7.2 苍溪县三会村的实证研究

7.2.1 三会村基本情况介绍

四川省苍溪县三会村位于四川盆地北部，嘉陵江中游、秦巴山脉南、广元市南端。2017 年前，三会村是四川省委组织部定点扶贫的贫困村。三会村距县城32km，全村面积 5.8km^2，辖 7 个组，2016 年 8 月调整更名为三会社区。三会村以林地和耕地为主，道路贯通全村，民居沿道路分布均匀。经过近几年的发展，村内交通等基础服务设施已得到改善，产业布局、风貌建筑、旅游业态等方面都有很大改善，入选为四川省 2016 年旅游扶贫示范村。

全村森林资源丰富，森林覆盖率达 60%，呈现出天蓝山青、空气清新、氧气充足的特色。山林中富产野菜、野菌等，并有野兽出没；有丰富的林地资源，以松柏为主。有古树名木资源，如樟母树、松树、柏树、合欢等。森林植被覆盖率较高，生态良好发展潜力较大。

全村拥有耕地面积 1170 亩，其中田 929 亩、地 241 亩，自留地 320 亩，林地4050 亩，荒地 560 亩。粮食总产量 48 万公斤，土壤较肥沃。

三会村海拔在本区域相对较高，自然资源较丰富，乡村田园风景优美，森林植被良好，非常适合开发休闲观光农业。

三会村连片规划范围内，村民居住相对分散，多个传统聚居点散布。截至 2015年，苍溪县三会村辖 7 个组 368 户 1235 人，其中，党员 39 人，低收入人口 214人。当时三会村居民的主要经济来源是在家务农或者就近区域打工等，整体经济收入结构水平低下。外出务工人员多、整体收入水平不高、散工工作限制多不稳定、家庭劳作缺乏劳动力等因素困扰，造成三会村低收入家庭多，普遍经济状况差，部分家庭收入只能勉强满足生活所需。

7.2.2 三会村乡村旅游与美丽乡村发展互动关系

苍溪县三会村乡村旅游发展以农旅融合为主，旅游发展从总体上处于区县旅游发展靠后水平，针对三会村制定旅游发展目标，融入全县旅游发展总体目标，增加了不小的难度。但这也为区内依托自身资源，认清形势，找寻和发展适合本地特色和优势的乡村旅游指明了方向，避免了走弯路的情况发生。但毋庸置疑，以三会村为核心的旅游发展基础条件十分薄弱。三会村地处苍溪县北部山区，缺乏高品质的旅游资源，交通可进入性较差，长期以来旅游一直处于待开发状态，是一处旅游空白地。三会村在美丽乡村建设背景下，整体基础设施得到改善，为旅游发展提供了基础条件，同时，旅游设施也初步建成，村内也举行了小型的旅游活动，但是三会村乡村旅游还未全面营业，部分设施仍在建设中。促进三会村美丽乡村建设的背景，一是三会村连片现代农业示范园区，促进了三会村产业培育、现代化平台建设；二是三会村被评为脱贫示范村(2017 年)，促进了新村建设、基础设施建设、公共服务中心建设。在两项背景的推动下，三会村既有产业的支持又有政策的扶持，美丽乡村建设推动得十分顺利。2017 年，三会村已实现全面脱贫，乡村基础建设得到很大的提升，乡村变化显著，目前还在持续建设中。

三会村的乡村旅游与美丽乡村发展存在既互促又制约的关系。互促关系体现在：①规划建设互补拉动。美丽乡村建设主要侧重对基础产业调整和基础现状综合整改，侧重对乡村内部的提升改造。三会村在美丽乡村建设上更多地注重硬件设施的改造，而乡村旅游规划能避免美丽乡村过度城市化建设，保持乡村特色又注重文化内涵提升。三会村乡村旅游规划希望实现农旅融合，以农业产业为基础，通过市场对外吸引，促进旅游产业的发展，发现新的经济增长渠道。三会村对美丽乡村的提升改造为乡村旅游发展提供了良好的基础条件，乡村旅游又能促进美丽乡村的产业发展，同时，还可以实现资源、技术、人才、资金等共享，在规划建设上互帮互助，促进三会村更好发展。三会村的乡村旅游发展和美丽乡村建设的结合发展，既促进了扶贫工作的快速落实，又可以实现脱贫之后乡村的可持续发展。②乡村旅游能培新产业，丰富产业结构。美丽乡村建设过程中三会村注重种植业和养殖业的结构调整和技术升级，保护基本经济产业的发展。乡村旅游依托基础农产业，加快副产业的发展，延伸产业链，增加新的经济增长点。因此，美丽乡村和乡村旅游二者可以促进乡村产业结构优化。③促进环境保护与整治。乡村旅游发展需要乡村有良好的自然和人文环境条件，要有乡村美感，而美丽乡村更多地注重指标化建设，侧重乡村人文环境的改造。三会村乡村旅游可以监督和帮助美丽乡村建设对环境的保护和特色化改造。同时，二者通过协调整治，既可以满足村民基本生活需要，又可以满足旅游发展的环境需求。

制约关系体现在：①产业结构单一，骨干经济产业缺乏。三会村产业结构单一，全村仅以传统种植业、养殖业为经济来源，主要是以家庭为主的饲养种植，既无特色也没有形成规模，属于传统落后的农业范畴。这些原因致使三会村整体经济基础薄弱，发展后劲不足，而且缺乏有效的乡村产业提档升级的办法和手段。三会村的种植业和养殖业规模小，主要以家庭为单位采取犁耕锄挖、粮草散养的传统农耕模式生产，绿色生态却缺乏特色，这种生产方式产量低、规模小，制约产业深加工和旅游业拉动农副业提档扩效。三会村农业生产模式单一，没有骨干产业支撑，整体经济基础脆弱，导致三会村的发展潜力受限，因果联系，造成贫困户持续增收、经济稳定严重不足。所以需要通过土地流转、资源整合等方式实现产业结构调整，实现生产经营规模化、特色化。②自然资源未得到充分开发利用。三会村处于川北"深丘"地带，田园风景保留较好，植被丰富、生态静谧、沟壑纵横，极具发展休闲观光农业旅游的自然优势和先天条件，由于村落贫困，知名度不高，三会村一直没有旅游项目支持，三会村的乡村旅游业一直处于待开发状态。③基础设施差，缺乏项目资金建设。道路交通上，2016 年全村村组道路 26km，但仅硬化了 9.1km，尚有 14.9km 村组道路未硬化，因而出行难、运输难的问题还未解决。道路等基础设施建设的严重滞后，使三会村对外的通达能力极差，严重制约着三会村的经济发展。水利设施有效利用率极低。全村现有塘、库 35 口，但其中有病险的为 23 口。渠系年久失修，渗漏严重，生产抗旱能力较弱，大多急需进行病险整治、标改及渠系维护，并根据实际需要新增防旱池等设施，才能保障全村农户生产生活所需。耕地面积虽然有 1170 亩，但零星分散，且多为台块和坡地，难以进行机械化操作，均靠传统手工劳作，产量低下，生产成本极高。抵御自然灾害能力差，如遇极端天气，则洪涝、滑坡、垮塌等自然灾害频发。因而，急需进行土地整理及高标准农田建设。生产生活设施落后。全村电网是 20世纪 90 年代改造建设的，经过这么多年的超负荷运转，目前设施设备已严重老化，不能满足农户生产生活用电需求，更无力提供和满足发展旅游等业态所需用电，急需升级改造。④农村人居环境差。三会村有土坯房 197 户，均不同程度存在安全隐患，其中，D 级危房 45 户、C 级危房 152 户。此外，绝大部分农房屋内潮湿阴冷，不适宜人居。全村更有 112 户安全饮水无保障。急需进行大规模的住房改造、迁建，建设完善符合饮用标准的饮水设施。⑤低收入家庭经济基础薄弱。这些家庭因病因灾因学导致家庭经济水平不高，而且多数家庭经济基础薄弱，家庭积蓄少，一旦遇到家庭成员生病、自然灾害，或者子女读书升学所需开支等问题，往往造成家庭经济状况快速恶变的情况发生。加之，大多数家庭劳动力偏弱，经济状况恶化后缺乏强壮劳动力来改变现状，从而形成了困难—经济状况恶化—经济水平差的恶性循环。

7.2.3 数据来源及处理

本节的基础数据主要来源于《苍溪县五龙镇三会村片区旅游扶贫规划》，部分数据来源于本书课题组先后 5 次进入实地现场的访谈、问卷统计资料。

7.2.4 权重确定

首先用 SPSS16.0 软件对 34 个指标(表 5-10)进行相关性检验，然后对采集的原始数据进行标准化处理，再运用基于突变决策的熵权改进方法确定各个指标因子权重以及其对总目标的贡献率(表 7-4)。

表 7-4 指标因子权重表

准则层	权重	要素层	权重	指标层	权重	贡献率
B_1	0.403	C_1	0.573	X_1	0.132	0.030
				X_2	0.117	0.027
				X_3	0.097	0.022
				X_4	0.183	0.042
				X_5	0.141	0.033
				X_6	0.157	0.036
				X_7	0.173	0.040
		C_2	0.427	X_8	0.101	0.014
				X_9	0.126	0.022
				X_{10}	0.122	0.026
				X_{11}	0.122	0.023
				X_{12}	0.142	0.024
				X_{13}	0.132	0.021
				X_{14}	0.124	0.011
				X_{15}	0.131	0.022
B_2	0.464	C_3	0.493	X_{16}	0.131	0.030
				X_{17}	0.111	0.025
				X_{18}	0.202	0.046
				X_{19}	0.119	0.017
				X_{20}	0.142	0.032
				X_{21}	0.143	0.033
				X_{22}	0.152	0.035
		C_4	0.507	X_{23}	0.187	0.044
				X_{24}	0.207	0.049

准则层	权重	要素层	权重	指标层	权重	贡献率
B_2	0.464	C_4	0.507	X_{25}	0.193	0.045
				X_{26}	0.118	0.028
				X_{27}	0.169	0.040
				X_{28}	0.126	0.030
B_3	0.153	C_5	1	X_{29}	0.159	0.024
				X_{30}	0.182	0.028
				X_{31}	0.176	0.027
				X_{32}	0.211	0.032
				X_{33}	0.136	0.021
				X_{34}	0.136	0.021

7.2.5　建设发展水平评价结果

根据指标体系和耦合协调水平评价方法,得到2014~2018年三会村乡村旅游与美丽乡村建设发展水平分值以及各个准则层系统分值(图7-3)。

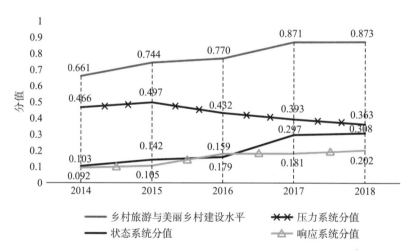

图 7-3　乡村旅游与美丽乡村建设水平评价结果

由图 7-3 可知,2014~2018 年,三会村乡村旅游与美丽乡村建设的发展水平有了显著提升,上涨了 32.1%。尤其是 2016~2017 年,该村的乡村旅游与美丽乡村建设发展水平提升最快。从压力、状态和响应三个子系统对乡村旅游与美丽乡村建设发展水平总体目标的贡献看,压力系统从 2014 年的 0.466 下降到 2018 年的 0.363,这说明随着生态文明建设、产业结构升级等多种因素的影响,协调压力逐渐减小;状态系统的分值从 2014 年开始一直处于上升趋势,特别是 2017 年的上升幅度最大，这说明状态系统的分值快速提升是协调水平提升的重要原因；响应系统的分值从 2014 年开始呈起伏上涨趋势，2015～2016 年上升幅度最大，这说明随着乡村旅游发展水平的提升以及美丽乡村建设要求的提出，特别是当时脱贫攻坚任务的紧迫，在四川省委组织部和各级政府的支持下，积极政策的响应起到了明显作用。

7.2.6　协调度测算结果

从 2014～2018 年三会村乡村旅游与美丽乡村建设协调度水平测算结果看（表 7-5），整个系统的协调度水平从 2014 年的不协调到 2016 年的基本协调再到 2018 年的比较协调，2016 年是这 5 年的转折点。

表 7-5　乡村旅游与美丽乡村建设协调度评价结果

年份	协调度	协调等级
2014	0.366	不协调
2015	0.389	不协调
2016	0.435	基本协调
2017	0.533	基本协调
2018	0.622	比较协调

在 2014 年确定为定点扶贫村以前，三会村由于地理位置偏僻，经济落后，民生设施设备落后。村组道路需改善；农村电网因为设施设备年久失修，供电能力明显不足，甚至不能满足村民生产生活用电需求；农业、水利、饮水、教育、卫生、文化等方面也亟待建设和提升。同时，全村的农业生产方式以单家独户、犁耕锄挖、粮草散养为主，主要作物为水稻、小麦、玉米等。全村的青壮劳动力大多外出务工，林业、渔业均未形成经济产业。农村主要劳动力的外流，使农民收入难以稳定提升。村民自发进行畜牧养殖，提升了自身收入，有一定示范带头作用。

2014 年，三会村确定为四川省委组织部定点扶贫村以后，制定了综合性的扶贫规划，在发展乡村旅游的同时做好美丽乡村建设，从产业、环境、文化、管理等角度谋求二者的协调发展。因此，从 2016 年开始，二者之间的协调发展水平不断取得提升，到了 2018 年，二者之间的协调水平达到比较协调。

7.2.7　障碍因子识别结果

运用障碍因子识别模型对三会村各评价因子的障碍度进行计算，识别障碍因子的依据为"障碍度大于 5"，由此可以得出 2014～2018 年三会村乡村旅游与美丽乡村建设的障碍因子识别结果，选取每年障碍度排前 5 名的因子，见表 7-6。

表 7-6　乡村旅游与美丽乡村建设障碍因子评价结果

年份	排名第 1	排名第 2	排名第 3	排名第 4	排名第 5
2014	$X_1$18.03	$X_4$17.43	X_{34}16.98	X_{22}15.88	X_{15}15.32
2015	$X_1$18.05	$X_6$17.35	X_{17}17.33	X_{20}15.35	X_{33}12.33
2016	$X_2$16.44	$X_4$15.44	X_{27}13.22	X_{22}12.01	X_{17}11.23
2017	$X_4$14.64	X_{23}13.32	X_{27}12.31	X_{33}10.28	$X_1$9.77
2018	$X_2$10.21	X_{17}10.89	X_{27}10.02	X_{23}9.88	$X_4$9.22

由表 7-6 可以看出，影响三会村乡村旅游与美丽乡村建设协调发展的因子在 2014～2018 年随着乡村旅游产业发展与美丽乡村建设的推进，其障碍因子的类别、障碍度都处于动态变化中。

2014 年，障碍度排在前五的分别是乡村旅游总收入、乡村旅游总人次、乡村智慧旅游普及度、低收入人口依托乡村旅游发展增收、致富所占比重、乡村道路硬化率。这与三会村处于乡村旅游发展和美丽乡村建设初期阶段有关，所有的产业发展和乡村建设管理都还未进入有序状态。

2015 年，障碍度排在前五位的分别是乡村旅游总收入、乡村旅游收入占新型农业经营主体经济收入比重、农民返乡创业率、乡村旅游就业人数占总人数比重和游客满意度。这与三会村处于产业发展和乡村建设引导阶段有关，所有的政策支持和建设工作正有序开展。

2016 年，障碍度排在前五的是乡村旅游收入占 GDP（村集体经济）的比例、乡村旅游总人次、乡村景观与农村建筑的协调率、低收入人口依托乡村旅游发展增收、致富所占比重、农民返乡创业率。在这一年，乡村景观与农村建筑的协调率第一次排在前五，说明乡村景观与农村建筑特别是农村房屋的布局、美观性等方面对二者协调发展也具有重要影响作用。

2017 年，障碍度排在前五的分别是乡村旅游总人次、乡土文化原真性保护及开发率、乡村景观与农村建筑的协调率、游客满意度和乡村旅游总收入。由此可知，三会村乡村旅游与美丽乡村建设二者之间协调发展的主要障碍仍然来自经济和文化领域，特别是经济指标在其中仍然起主导作用。

2018 年，障碍度排在前五的分别是乡村旅游收入占 GDP（村集体经济）的比例、农民返乡创业率、乡村景观与农村建设的协调率、乡土文化原真性保护及开发率和乡村旅游总人次。主要障碍因子仍然来自经济、文化和社会三个领域，说明三会村乡村旅游和美丽乡村建设在基本协调阶段，二者之间的主要障碍因子仍然没有大的差异。

总体上看，2014～2018 年，三会村乡村旅游与美丽乡村建设协调障碍因子主要来自经济、社会和文化领域，特别是从每年前五名的数据来看，乡村旅游总收入、乡村旅游收入占 GDP（村集体经济）的比例、乡村旅游总人次三个指标影响最大。另外，农民返乡创业率、乡村旅游就业人数占总人数比重、乡土文化原真性保护及开发率和乡村智慧旅游普及度等指标也具有较大的影响。相比之下，环境因素和管理因素较少，这与三会村乡村旅游发展与美丽乡村建设实际情况比较吻合。三会村本身的环境基础较好，植被覆盖水平、乡村环境卫生水平、乡村基础设施水平等都比较高，对于乡村旅游与美丽乡村发展的障碍影响也相对较低。在未来，三会村乡村旅游发展与美丽乡村建设协调推进的重要挑战主要来源于经济、社会、文化领域的各因子。该村在整体脱贫后，如何在没有上级帮扶下实行自主可持续发展，持续进行乡村旅游发展和美丽乡村建设整体协调推进，这一问题值得进一步研究。

7.3　小　　结

本章选择全域旅游发展较好的四川省都江堰、已实现脱贫摘帽的四川省苍溪县三会村进行实证分析，得出二者的乡村旅游与美丽乡村建设协调障碍因子不完全一致。三会村的障碍因子主要来自经济、文化和社会领域，都江堰的障碍因子主要来自社会、管理领域，随着时间的推移，各自的主要障碍因子也在发生改变，这与当地乡村旅游发展与美丽乡村建设实际情况比较吻合。这说明通过实证验证提出的乡村旅游与美丽乡村建设协调度评价、障碍因子评价是科学和可行的，能够为推进乡村旅游与美丽乡村建设协同发展提供有效指导。但总体上看，实证研究的样本还可以进一步增加，从而进一步验证乡村旅游与美丽乡村建设协调度评价、障碍因子评价的科学性和可行性。

第8章 结 语

　　本书从乡村旅游转型升级和美丽乡村建设的必要性和紧迫性入手，系统梳理和归纳了乡村旅游发展、美丽乡村建设与乡村振兴战略的内在联系和行动响应；运用系统动力学和推拉理论，探讨了乡村旅游与美丽乡村建设之间的内在联系；根据乡村旅游与美丽乡村建设的互动关系和协调发展机制，从经济、社会、文化、环境、管理五个方面构建乡村旅游与美丽乡村建设协调度评价指标体系及评价模型；采用改进 TOPSIS 法和障碍度模型，对乡村旅游与美丽乡村建设协调度进行评价和障碍因子诊断。最后，通过障碍因子诊断，揭示出乡村旅游与美丽乡村建设协调发展存在的问题，找到二者的协同发展路径。通过以上内容的研究，进一步加深了乡村旅游与美丽乡村建设协调发展的认识。

8.1 乡村旅游发展与美丽乡村建设应解决"两张皮"

　　乡村旅游发展与美丽乡村建设是事关乡村发展现代化的重要工作。随着乡村振兴战略的实施，各地在乡村振兴实践探索中，常常将二者同步规划、协调推进。2018 年，《中共中央　国务院关于实施乡村振兴战略的意见》就实施乡村振兴战略进行全面部署，明确提出实施休闲农业和乡村旅游精品工程、持续推进宜居宜业的美丽乡村建设要求，乡村旅游与美丽乡村建设共同成了实施乡村振兴战略的工作抓手和重要载体。

　　就本质而言，乡村旅游发展与美丽乡村建设分属乡村产业发展和人居环境建设两大范畴，虽然随着二者发展内涵与外延的拓展，乡村旅游发展与美丽乡村建设协同发展的趋势越来越明显，但在实践探索中，乡村旅游发展与美丽乡村建设"两张皮"问题仍未得到根本解决。"两张皮"问题的产生，既有认识层面对二者相互关系认识不足的原因，又有操作层面对二者协同发展路径把握不清的原因。在实施乡村振兴战略背景下，急需从理论和实践上找准乡村旅游发展与美丽乡村建设的有机结合，厘清二者的交汇点、融合点、阻碍点及路径，实现二者协同发展，助推乡村现代化建设。

8.2 乡村旅游发展与美丽乡村建设响应乡村振兴
战略应实现"五个转变"

我国乡村旅游发展与美丽乡村建设具有明显的政策引导性，实施乡村振兴战略作为新时代"三农"工作的总抓手，必然要求所有涉及"三农"的工作、事业和产业自觉响应乡村振兴战略总要求，自觉融入乡村振兴战略实施中。通过对近年来乡村旅游、美丽乡村建设的政策梳理，乡村旅游发展与美丽乡村建设对乡村振兴战略实施的行动响应体现在五个方面，并与乡村振兴战略的总要求相对应。其中，对产业兴旺要求的响应，要求在产业定位上实现由点到线的转变；对生态宜居要求的响应，要求在空间开发上实现由块到面的转变；对乡风文明要求的响应，要求在主客交流上实现由单向到双向的转变；对治理有效要求的响应，要求在运行机制上实现由一元主体到多元主体的转变；对生活富裕要求的响应，要求在经济效益上实现由短期性向长期性转变。

8.3 乡村旅游与美丽乡村耦合的动力系统模型
应关注"六三五"内涵

在乡村旅游发展与美丽乡村建设对乡村振兴战略实施的行动响应逻辑分析基础上，通过系统动力学分析，不难发现乡村旅游发展与美丽乡村建设之间具有众多紧密联系的交汇点。结合联合国可持续发展委员会(CSD)提出的驱动-状态-响应(DSR)模型，构建乡村旅游与美丽乡村耦合的动力系统模型。模型显示，在整个耦合的过程中，由六大作用力、三大运行机制、五大耦合动力类型构成。其中，耦合动力主要由集散机制的集聚力和扩散力、市场机制的推动力和拉动力、调控机制的促进力和抑制力构成，三大机制的六大动力驱动了乡村旅游和美丽乡村建设的耦合。具体到三大阶段，驱动阶段的主导耦合动力是集散机制的集聚力和市场机制的拉动力，状态阶段的主导耦合动力是市场机制的推动力和调控机制的促进力，响应阶段的主导耦合动力是调控机制的抑制力和集散机制的扩散力。但乡村旅游和美丽乡村建设的耦合不是从零开始，由于自然村或者建制村的历史性和乡村旅游发展的时代性，集散机制、市场机制和调控机制三大机制的六种力量往往相互组合，形成自然耦合型、市场主导耦合型、政策主导耦合型、产业主导耦合型和逆向耦合型五种主要的耦合动力类型。这为乡村旅游与美丽乡村建设协调度评价及障碍因子诊断提供了理论框架。

8.4　乡村旅游与美丽乡村建设协调度
评价需涵盖五大维度

协调度反映了乡村旅游与美丽乡村建设相互协调和谐一致的动态过程。通过乡村旅游发展与美丽乡村建设的逻辑推导和定性分析，结合 DSR 模型，参考《农业部　国家旅游局关于开展全国休闲农业与乡村旅游示范县和全国休闲农业示范点创建活动的意见》《美丽乡村建设指南》(GB/T 32000—2015)以及国内外学者相关研究成果，从产业协调、环境协调、功能协调、文化协调和管理协调五个维度初步构建乡村旅游与美丽乡村建设协调度评价指标体系。通过专家主观筛选、统计客观筛选、指标鉴别和定量检验，最终整个指标体系由 34 个指标构成，指标的权重采用熵权法和突变理论结合的方式确定。

在乡村旅游与美丽乡村建设协调度评价基础上，引入障碍因子识别模型的因子贡献度、指标偏离度、障碍度等，构建乡村旅游与美丽乡村建设协调度评价模型和协调发展障碍因子诊断模型，数据化展示各指标(障碍因子)对区域乡村旅游与美丽乡村建设耦合协调度影响程度的高低，为乡村旅游与美丽乡村建设协调发展障碍因子的诊断奠定基础。

8.5　乡村旅游与美丽乡村协同发展的五大路径

乡村旅游发展与美丽乡村建设内容的开放性、发展过程的动态性、发展目标的一致性、发展效益的整体性，决定了二者具有协同的可能与必要。从机制上看，乡村旅游与美丽乡村协同发展是一个多层传导驱动力、多次调整状态、多级行动响应的过程，乡村旅游与美丽乡村协同发展既是响应乡村振兴战略的行动必然，又是调整和优化乡村旅游与美丽乡村协同发展状态的内在诉求，通过推进特色乡村旅游目的地的产业发展，最终实现乡村振兴和乡村现代化目标。具体来看，乡村旅游与美丽乡村协同发展路径包括：以做大做强美丽经济为核心的产业协同路径、以整村推进乡村旅游目的地建设为目标的环境协同路径、以推进乡村文化活化利用为重点的文化协同路径、以提高基层党组织引领作用为关键的管理协同路径和以建立农民共建共享利益机制为重点的利益协同路径。

参 考 文 献

白凯，2010. 乡村旅游地场所依赖和游客忠诚度关联研究——以西安市长安区"农家乐"为例[J]. 人文地理，25（4）：
　　120-125.

白雪梅，1998. 中国区域经济发展的比较研究[M]. 北京：中国财政经济出版社.

毕兰，2019. 经济新常态下乡村旅游的创新模式[J]. 农业经济，（8）：55-57.

蔡兴，蔡海，赵家章，2019. 金融发展对乡村振兴发展影响的实证研究[J]. 当代经济管理，41（8）：91-97.

曹务坤，辛纪元，吴大华，2014. 民族村寨社区参与旅游扶贫的法律机制完善[J]. 云南社会科学，（6）：130-133.

陈放，2018. 乡村振兴进程中农村金融体制改革面临的问题与制度构建[J]. 探索，（3）：163-169.

陈佳渲，2019. 新时代乡村旅游区域协同发展路径[J]. 广西民族师范学院学报，36（5）：91-93，99.

陈龙，2018. 新时代中国特色乡村振兴战略探究[J]. 西北农林科技大学学报（社会科学版），18（3）：55-62.

陈培培，张敏，2015. 从美丽乡村到都市居民消费空间——行动者网络理论与大世凹村的社会空间重构[J]. 地理
　　研究，34（8）：1435-1446.

陈秋红，2017. 美丽乡村建设的困境摆脱：三省例证[J]. 改革，（11）：100-113.

陈荣，2018. 践行乡村振兴战略大力发展乡村旅游[J]. 广东经济，（1）：72-75.

陈艳梅，2005. 区域土地可持续利用评价指标体系研究[D]. 哈尔滨：东北农业大学.

戴斌，周晓歌，梁壮平，2006. 中国与国外乡村旅游发展模式比较研究[J]. 江西科技师范学院学报，（1）：16-23.

窦志萍，2007. 社会主义新农村建设与乡村旅游协调发展研究——以富民县小水井村为例[J]. 昆明大学学报，（2）：
　　7-11.

杜强，2019. 充分激发农民建设美丽乡村的主体作用[J]. 农村·农业·农民（B版），（4）：18-19.

杜宗斌，苏勤，2011. 乡村旅游的社区参与、居民旅游影响感知与社区归属感的关系研究——以浙江安吉乡村旅
　　游地为例[J]. 旅游学刊，26（11）：65-70.

方文，2018. 城乡转型中乡村文化的解构与重塑[J]. 岭南学刊，（5）：33-39.

付洪良，2019. 美丽乡村建设与农村产业融合发展的协同关系——乡村振兴视角下浙江湖州的实证研究[J]. 湖州
　　师范学院学报，41（1）：8-12，18.

高春留，程励，程德强，2019. 基于"产村景"一体化的乡村融合发展模式研究——以武胜县代沟村为例[J]. 农
　　业经济问题，（5）：90-97.

郭景福，赵奥，2019. 民族地区乡村旅游助力乡村振兴的制度与路径[J]. 社会科学家，（4）：87-91.

郭晓鸣，张克俊，虞洪，等，2018. 乡村振兴的战略内涵与政策建议[J]. 当代县域经济，（2）:12-17.

郭占武，2016. 乡村旅游与产业化发展——以陕西省礼泉县袁家村为例[N]. 中国旅游报，2016-09-05（04）.

韩喜平，孙贺，2016. 美丽乡村建设的定位、误区及推进思路[J]. 经济纵横，（1）：87-90.

何成军，李晓琴，银元，2006. 休闲农业与美丽乡村耦合度评价指标体系构建及应用[J]. 地域研究与开发，35（5）：
　　158-133.

何成军, 李晓琴, 谢清丹, 2017. 休闲农业与美丽乡村耦合度评价及协同路径探讨——基于都江堰现代农业区的实证研究[J]. 云南农业大学学报 (社会科学), 11(1): 46-52.

何成军, 李晓琴, 曾诚, 2019a. 乡村振兴战略下美丽乡村建设与乡村旅游耦合发展机制研究[J]. 四川师范大学学报(社会科学版), 46(2): 101-109.

何成军, 李晓琴, 程远泽, 2019b. 乡村旅游与美丽乡村建设协调度评价及障碍因子诊断[J]. 统计与决策, 35(12): 54-57.

何得桂, 2014. 中国美丽乡村建设驱动机制研究[J]. 生态经济, 30(10): 113-117.

赫尔曼·哈肯, 2001. 协同学——大自然构成的奥秘[M]. 凌复华, 译. 上海: 上海译文出版社.

何景明, 2006. 城市郊区乡村旅游发展影响因素研究——以成都农家乐为例[J]. 地域研究与开发, (6): 71-75.

和沁, 2013. 西部地区美丽乡村建设的实践模式与创新研究[J]. 经济问题探索, (9): 187-190.

贺雪峰, 2018. 关于实施乡村振兴战略的几个问题[J]. 南京农业大学学报(社会科学版), 18(3): 19-26.

侯子峰, 2019. 乡村振兴背景下的美丽乡村建设——以浙江湖州市为例[J]. 安徽农业科学, 47(6): 259-261.

黄杉, 武前波, 潘聪林, 2013. 国外乡村发展经验与浙江省"美丽乡村"建设探析[J]. 华中建筑, 31(5): 144-149.

黄震方, 陆林, 苏勤, 2015. 新型城镇化背景下的乡村旅游发展理论反思与困境突破[J]. 地理研究, (8): 222.

黄祖辉, 2018. 实现美丽乡村建设与高质量发展相得益彰[J]. 山西农经, (22): 2, 129.

姜长云, 2017. 全面把握实施乡村振兴战略的丰富内涵[J]. 农村工作通讯, (22): 19-21.

蒋春燕, 冯学钢, 汪德根, 2009. 乡村旅游发展潜力评价指标体系与模型研究[J]. 旅游论坛, 2(2): 234-237.

孔祥利, 夏金梅, 2019. 乡村振兴战略与农村三产融合发展的价值逻辑关联及协同路径选择[J]. 西北大学学报(哲学社会科学版), 49(2): 10-18.

李创新, 2016. 美丽乡村: 乡村旅游2.0与美丽中国战略的关键[J]. 旅游学刊, 31(10): 3-5.

李德明, 程久苗, 2005. 乡村旅游与农村经济互动持续发展模式与对策探析[J]. 人文地理, (3): 84-87.

李剑锋, 黄泰圭, 屈学书, 2019. 近30年来我国乡村旅游政策演进与前瞻[J]. 资源开发与市场, 35(7): 968-972.

李军国, 2018. 实施乡村振兴战略的意义重大[J]. 当代农村财经, (1): 2-6.

李琪, 2019. 供给侧改革视域下乡村旅游的发展路径探究[J]. 农业经济, (2): 52-53.

李倩, 2017. 美丽乡村标准体系构建: 基于政策、实践与理论的视角[J]. 标准实践, (9): 112-117.

李庆雷, 马继刚, 杨帆, 2007. 乡村旅游发展与新农村建设的互动机制及实现路径探讨[J]. 乡镇经济, (10): 15-18.

李甜, 2018. 全产业链模式推动乡村全域旅游发展路径[J]. 农业经济, (12): 49-50.

李婷, 杨君, 王欣, 等, 2019. 美丽乡村建设模式及其评价研究——以湖南省华容县为例[J]. 农业科技管理, 38(2): 39-43, 84.

李文峰, 姜佳将, 2014. 发展乡村旅游建设美丽乡村[J]. 浙江经济, (21): 56-57.

李孝忠, 2018. 乡村振兴: 历史逻辑与现实抉择[J]. 中国发展观察, (4): 54-56.

李笑颖, 黄蔚艳, 2019. 乡村振兴与乡村旅游发展[J]. 中国商论, (8): 205-206.

李艳娜, 黄大勇, 2008. 乡村旅游示范区评价指标体系与标准研究[J]. 重庆工商大学学报(西部论坛), 18(4): 104-109.

李玉新, 吕群超, 2018. 乡村旅游产业政策演进与优化路径——基于国家层面政策文本分析[J]. 现代经济探讨, (5): 118-124.

李长源, 2019. 多元主体协同参与乡村振兴的路径探索[J]. 安徽农业大学学报(社会科学版), 28(4): 17-22.

李志龙，2019. 乡村振兴-乡村旅游系统耦合机制与协调发展研究——以湖南凤凰县为例[J]. 地理研究，38(3)：643-654.

李忠斌，陈剑，2018. 村寨镇化：城镇化背景下民族地区乡村振兴路径选择[J]. 云南民族大学学报(哲学社会科学版)，35(6)：51-58.

李祚泳，郭淳，汪嘉杨，等，2010. 突变模型势函数的一般表示式及用于富营养化评价[J]. 水科学进展，21(1)：101-106.

梁爱文，2018. 乡村振兴视域下西部民族地区美丽乡村建设新探[J]. 黑龙江民族丛刊，(5)：48-55.

梁超，2019. 建设美丽乡村助推乡村振兴[N]. 青岛晚报，2019-12-10(A09).

廖彩荣，陈美球，2017. 乡村振兴战略的理论逻辑、科学内涵与实现路径[J]. 农林经济管理学报，16(6)：795-802.

林德荣，潘倩，2009. 乡村旅游发展与新农村建设的互动模式研究[J]. 北京第二外国语学院学报，31(5)：67-75，33.

林刚，石培基，2006. 关于乡村旅游概念的认识——基于对20个乡村旅游概念的定量分析[J]. 开发研究，(6)：72-74.

林铮，2018. 发展乡村旅游助力乡村振兴[J]. 中共山西省委党校学报，41(5)：60-63.

刘德谦，2006. 关于乡村旅游、农业旅游与民俗旅游的几点辨析[J]. 旅游学刊，(3)：12-19.

刘晶晶，2019. 基于协同理论的高职教育产教融合机制及优化策略研究[D]. 武汉：华中师范大学.

刘伟斌，连镇锋，2019. 乡村振兴战略视角下的粤港澳大湾区美丽乡村建设研究——以江门市为例[J]. 改革与开放，(24)：29-31.

刘彦随，刘玉，2009. 中国农村空心化问题研究的进展与展望[J]. 地理研究，29(1)：35-42.

刘彦随，周扬，2015. 中国美丽乡村建设的挑战与对策[J]. 农业资源与环境学报，32(2)：97-105.

刘永富，2015. 充分发挥旅游富民推动作用扎实推进贫困地区扶贫攻坚[J]. 老区建设，(1)：8-15.

刘赟，朱梦梦，2015. 美丽乡村建设背景下的乡村旅游发展分析——以湄潭县为例[J]. 中国商论，(33)：109-112.

刘长江，2018. 以发展新理念建设川东革命老区"美丽乡村"[J]. 四川文理学院学报，28(2)：35-40.

刘长江，2019. 乡村振兴战略视域下美丽乡村建设对策研究——以四川革命老区D市为例[J]. 四川理工学院学报(社会科学版)，34(1)：20-39.

刘志刚，陈安国，2019. 乡村振兴视域下城乡文化的冲突、融合与互哺[J]. 行政管理改革，(12)：60-65.

柳兰芳，2013. 从"美丽乡村"到"美丽中国"——解析"美丽乡村"的生态意蕴[J]. 理论月刊，(9)：165-168.

卢宏，2012. 乡村旅游与新农村建设"协调度"评价的实证分析[J]. 暨南学报(哲学社会科学版)，34(10)：146-154，164.

卢小丽，毛雅楠，淦晶晶，2017. 乡村旅游利益相关者利益位阶测度及平衡分析[J]. 资源开发与市场，33(9)：1134-1137.

陆林，任以胜，朱道才，等，2019. 乡村旅游引导乡村振兴的研究框架与展望[J]. 地理研究，38(1)：102-118.

马小琴，2019. 山西省乡村旅游与乡村振兴耦合协调度测度[J]. 中国农业资源与区划，40(9)：257-262.

毛峰，2019. 乡村全域旅游：新时代乡村振兴的路与径[J]. 农业经济，(1)：46-48.

聂学东，2019. 河北省乡村振兴战略与乡村旅游发展计划耦合研究[J]. 中国农业资源与区划，40(7)：53-57.

牛自成，张宏梅，2016. 乡村旅游发展对旅游地社会文化影响研究[J]. 佛山科学技术学院学报(社会科学版)，(1)：47-53.

庞艳华, 2019. 河南省乡村旅游与乡村振兴耦合关联分析[J]. 中国农业资源与区划, 40(11): 315-320.

彭建华, 冯琳, 何希德, 等, 2018. 乡村振兴视角下的美丽乡村建设模式与启示: 基于京冀 14 个美丽乡村的考察[J]. 农业科技管理, 37(6): 29-33.

朴振焕, 2005. 韩国新村运动: 20 世纪 70 年代韩国农村现代化之路[M]. 潘伟光, 郑靖吉, 魏蔚, 译. 北京: 中国农业出版社.

钱春弦, 2018. 提升乡村旅游要立足 "三农" [EB/OL]. [2018-10-26]. http://www.ljxw.gov.cn/portal/article/index/id/88535/cid/158.html.

申葆嘉, 1996. 《国外旅游研究进展》撰后记[J]. 旅游学刊, (05): 52-56.

沈费伟, 肖泽干, 2017. 浙江省美丽乡村的指标体系构建与实证分析[J]. 华中农业大学学报(社会科学版), (2): 45-51, 132.

沈启旺, 2013. 美丽乡村建设背景下芜湖县乡村旅游发展探讨[J]. 衡水学院学报, 15(1):122-125.

沈珍瑶, 杨志峰, 2002. 灰关联分析方法用于指标体系的筛选[J]. 数学的实践与认识, 32(5): 728-732.

石培基, 张胜武, 2007. 乡村旅游开发模式述评[J]. 开发研究, (4): 104-107.

宋瑞, 2017. 乡村复兴视角下的乡村旅游[J]. 中国发展观察, (15): 36-38.

苏勇军, 2006. 基于和谐新农村建设的乡村旅游发展研究——以宁波市横街镇为例[J]. 渔业经济研究, (6): 8-12.

唐任伍, 2018. 新时代乡村振兴战略的实施路径及策略[J]. 人民论坛·学术前沿, (3): 26-33.

陶玉霞, 2015. 乡村旅游需求机制与诉求异化实证研究[J]. 旅游学刊, 30(7): 37-48.

王昌森, 张震, 董文静, 等, 2019. 乡村振兴战略下美丽乡村建设与乡村旅游发展的耦合研究[J]. 统计与决策, 35(13): 97-101.

王超, 蒋彬, 2018. 乡村振兴战略背景下农村精准扶贫创新生态系统研究[J]. 四川师范大学学报(社会科学版), 45(3): 5-11.

王超, 吕剑平, 2020. 新发展理念下的乡村生态振兴与农业绿色发展探究——以 H 省为例[J]. 吉林农业科技学院学报, 29(4): 20-23, 41.

王辉, 2009. 发展乡村旅游的 "公地悲剧" 问题及对策[J]. 科技情报开发与经济, 19(27): 107-109.

王景新, 支晓娟, 2018. 中国乡村振兴及其地域空间重构——特色小镇与美丽乡村同建振兴乡村的案例、经验及未来[J]. 南京农业大学学报(社会科学版), 18(2): 17-26, 157-158.

王立彬, 2019. 我国乡村景区与社区边界在加快融合[EB/OL]. [2019-07-05]. http://travel.people.com.cn/n1/2019/0705/c41570-31215 282.html.

王良健, 2001. 旅游可持续发展评价指标体系及评价方法研究[J]. 旅游学刊, 16(1): 67-70.

王宁, 2019. 乡村振兴背景下特色乡村农旅融合发展研究——基于河南省信阳市商城县里罗城村的案例[J]. 信阳农林学院学报, 29(2): 33-35.

王琼英, 2006. 乡村旅游的社区参与模型及保障机制[J]. 农村经济, (11): 85-88.

王卫星, 2014. 美丽乡村建设: 现状与对策[J]. 华中师范大学学报(人文社会科学版), 53(1): 1-6.

王亚华, 苏毅清, 2017. 乡村振兴——中国农村发展新战略[J]. 中央社会主义学院学报, (6): 49-55.

王颜齐, 刘宏曼, 李丹, 等, 2009. 社会主义新农村建设评价指标的筛选[J]. 华南农业大学学报(社会科学版), 8(3): 32-38.

王云才，2006. 中国乡村旅游发展的新形态和新模式[J]. 旅游学刊，(4)：1-8.

魏后凯，2018. 实施乡村振兴战略的科学基础和重点任务[J]. 团结，(1)：25-29.

魏亚鹏，2018. 协同理论视角下网络学习共同体学习资源应用模型研究[D]. 长沙：湖南师范大学.

魏玉栋，2018. 乡村振兴战略与美丽乡村建设[J]. 中共党史研究，(3)：14-18.

吴必虎，伍佳，2007. 中国乡村旅游发展产业升级问题[J]. 旅游科学，(3)：11-13.

吴次芳，华楠，1996. 多目标突变决策方法及其在土地利用总体规划中的应用[J]. 农业工程学报，12(2)：11-16.

吴理财，吴孔凡，2014. 美丽乡村建设四种模式及比较——基于安吉、永嘉、高淳、江宁四地的调查[J]. 华中农业大学学报(社会科学版)，(1)：15-22.

吴理财，2016. 美丽乡村建设的四种模式[J]. 福建农业，(9)：31-32.

夏正超，2015. 旅游小城镇发展的动力机制研究[J]. 地域研究与开发，35(5)：90-95.

信慧娟，段文军，钟佩，2019. 乡村旅游发展与乡村振兴耦合评价指标体系构建——以广西资源县为例[J]. 乐山师范学院学报，34(8)：64-73.

熊晓红，2012. 乡村旅游生态环境双重效应及其正确响应[J]. 技术经济与管理研究，(11)：92-95.

徐孝勇，赖景生，寸家菊，2010. 我国西部地区农村扶贫模式与扶贫绩效及政策建议[J]. 农业现代化研究，31(2)：161-165.

闫淑玲，2017. 乡村旅游与农村生态环境互动协调发展研究[J]. 中外企业家，(9)：18-19.

杨莹，孙九霞，2021. 乡村旅游发展中社会组织的公益实践与行为逻辑研究[J]. 贵州民族研究，42(1)：158-164.

银元，2017. 乡村旅游合作社发展与建设研究[M]. 北京：国家行政学院出版社.

银元，2019. 因地制宜推进乡村旅游高质量发展[N]. 中国旅游报，2019-9-25(3).

银元，李晓琴. 2022. 乡村旅游与美丽乡村协同发展动力机制与路径优化[J]. 安徽乡村振兴研究，(3)：58-65.

银元，李晓琴，2018a. 强化农村基层党组织建设引领新时代乡村旅游发展[N]. 中国旅游报，2018-4-9(3).

银元，李晓琴，2018b. 乡村振兴战略背景下乡村旅游的发展逻辑与路径选择[J]. 国家行政学院学报，(5)：182-186，193.

尹戟，2006. 乡村旅游中的农民阶层分化研究[J]. 北京第二外国语学院学报(旅游版)，(7)：7-11.

于法稳，李萍，2014. 美丽乡村建设中存在的问题及建议[J]. 江西社会科学，34(9)：222-227.

袁彪，2018. 基于精准扶贫视角下的乡村振兴发展路径探索[J]. 农业经济，(7)：47-48.

张春晖，白凯，2011. 乡村旅游地品牌个性与游客忠诚：以场所依赖为中介变量[J]. 旅游学刊，26(2)：49-57.

张力，田以恒，宁爱凤，2019. 美丽乡村下生态服务提供模式探讨——基于浙江省53个村的调研[J]. 山西农经，(24)：47-48.

张苗，陈银蓉，周浩，2015. 基于DSR模型的城市土地低碳集约利用评价——以武汉市为例[J]. 水土保持研究，22(5)：169-175.

张文磊，2012. 乡村旅游社区参与的利益分配机制比较与构建[J]. 特区经济，(7)：180-182.

张行发，王庆生. 2020. 社区增权：化解乡村旅游目的地脱贫村民返贫风险的有效路径[N]. 中国旅游报，2020-6-5(03).

张琰飞，朱海英，魏昕伊，2019. 乡村振兴视域下民族村寨旅游开发与空心化治理协同研究[J]. 城市学刊，40(6)：26-37.

张颖，徐辉，2014. 土地可持续利用协调度评价及障碍因子诊断——以南京市六合区为例[J]. 广东土地科学，13(1)：

20-27.

张渊博, 2014. "美丽乡村"建设下的乡村旅游发展的对策——以洛阳市栾川县为例[J]. 内蒙古电大学刊, (5):
    10-11.

张月昕, 2018. 以绿色发展引领乡村振兴——浅析新时代美丽乡村建设的行政路径[J]. 中国行政管理, (7): 156-158.

张志强, 程国栋, 徐中民, 2002. 可持续发展评估指标方法及应用研究[J]. 冰川冻土, 24(4): 344-350.

赵磊, 殷菲, 2019. 乡村振兴战略下美丽乡村建设与乡村旅游发展的耦合初探[J]. 地产, (22): 11.

赵丽, 付梅臣, 张建军, 等, 2008. 乡镇土地集约利用评价及驱动因素分析[J]. 农业工程学报, 24(2): 89-94.

赵希勇, 张璐, 吴鸿燕, 等, 2019. 哈尔滨地区乡村旅游资源评价与开发潜力研究[J]. 中国农业资源与区划, 40(5):
    180-187.

赵晓峰, 许珍珍, 2019. 农民合作社发展与乡村振兴协同推进机制构建: 理论逻辑与实践路径[J]. 云南行政学院
    学报, (5): 6-11.

郑杭生, 张本效, 2013. "绿色家园、富丽山村"的深刻内涵——浙江临安"美丽乡村"农村生态建设实践的社
    会学研究[J]. 学习与实践, (6): 79-84.

郑华伟, 张锐, 杨兴典, 等, 2012. 基于 PSR 模型的土地利用系统健康评价及障碍因子诊断[J]. 长江流域资源与
    环境, 21(9): 99-106.

郑吉春, 黄荟宇, 张超, 等, 2016. 大学生思想政治教育工作机制优化路径研究——基于协同理论的视角[J]. 北
    京工业大学学报(社会科学版), 16(5): 89-94.

郑辽吉, 2018. 基于行动者-网络理论的乡村旅游转型升级分析[J]. 社会科学家, (10): 91-97.

郑向群, 陈明, 2015. 我国美丽乡村建设的理论框架与模式设计[J]. 农业资源与环境学报, 32(2): 106-115.

周杰, 袁春振, 2008. 基于社会主义新农村建设的乡村旅游可持续发展的思考[J]. 山东农业大学学报(社会科学版),
    (1): 7-12.

周琼, 曾玉荣, 2014. 福建省美丽乡村建设的现状与对策建议[J]. 福建论坛(人文社会科学版), (5): 120-124.

周燕, 2019. 我国乡村旅游发展的政策回顾与趋势前瞻——基于 2004 年以来国家层面政策文本分析[J]. 云南行政
    学院学报, (4): 121-124.

周裕丰, 刘菊鲜, 2011. 农村土地利用协调性评价及障碍诊断——以广州市为例[J]. 广东农业科学, 38(14): 154-156.

朱丹丹, 张玉钧, 2008. 旅游对乡村文化传承的影响研究综述[J]. 北京林业大学学报(社会科学版), (2): 58-62.

庄晋财, 王春燕, 2016. 复合系统视角的美丽乡村可持续发展研究——广西恭城瑶族自治县红岩村的案例[J]. 农
    业经济问题, 37(6): 9-17, 110.

邹统钎, 2008. 乡村旅游推动新农村建设的模式与政策取向[J]. 福建农林大学学报(哲学社会科学版), (3): 31-34.

祖佳嬉, 叶长省, 雷慧敏, 2015. 江西省县域"三化"协调发展空间格局演变及其障碍因子诊断[J]. 地域研究与
    开发学, 34(2): 34-40.

Ali M, Farron M, Dilip T R, et al., 2018. Assessment of family planning service availability and readiness in 10 African
    countries[J]. Global Health: Science and Practice, 6(3): 473-483.

Krugman P, 1999. The role of geography in development[J]. International Regional Science Review, 22(2): 142-161.

Shi L, Wurm M, Huang X, et al., 2020. Measuring the spatial hierarchical urban system in China in reference to the
    Central Place Theory[J]. Habitat International, 105(11), 112.

Marcesse T，2018. Public policy reform and informal institutions: The political articulation of the demand for work in rural India[J]. World Development，103：284-296.

Masahisa F，Krugman P，Mori T，et al.，1999. On the evolution of hierarchical urban systems[J]. European Economic Review，43(2)：209-251.

Melichova K，Majstríková L，Valach M，et al.，2018. Policy instruments and barriers to rural tourism development-a case study of cluster in the Liptov touristic region in Slovakia[J]. Ecocycles，4(2)：70-120.

Nygrem K G，Nyhlén S，2017. Mapping the ruling relations of work in rural eldercare intersections of gender, digitalization and the centre-periphery divide[J]. Journal or Rural Studies，54：337-343.

Onitsuka K，Hoshino S，2018. Inter-community networks of rural leaders and key people：Case study on a rural revitalization program in Kyoto Prefecture，Japan[J]. Journal of Rural Studies，61(7)：123-136.

附　　录

尊敬的专家：

您好。衷心地感谢您抽出宝贵的时间填写此表。

我们是国家社会科学基金西部项目(17XJY013)——"乡村旅游与美丽乡村建设协调度评价、障碍因子诊断及协同路径研究"课题组，正在进行乡村旅游与美丽乡村建设协调度评价、障碍因子诊断评价指标体系构建。通过查阅相关研究文献，从中筛选出关于乡村旅游和美丽乡村评价指标中出现频率相对较高的49个指标。本问卷旨在用此种方法筛选乡村旅游与美丽乡村耦合协调度的评价指标。请您按重要程度给每个指标打分，并回答有关问题。

您的工作单位：_____　　　您的研究领域：_____

表1是评估乡村旅游与美丽乡村耦合协调度的评价指标，请您按重要程度给每个指标打分，并回答有关问题。

如果合格请在"合格"栏打√；

如果良好请在"良好"栏打√；

如果不合格请在"不合格"栏打√。

1. 您认为此表中是否有指标需要进行修改和调整？

（　　）有　　（　　）没有

如果有，您认为应该如何调整？

_____

_____

2. 您认为此表中是否有需要补充的指标？

（　　）有　　（　　）没有

如果需要补充，您认为应该增加哪些指标？

_____

_____

专家征询表到此结束，再次衷心地向您表示感谢。

国家社会科学基金西部项目(17XJY013)课题组

2018 年 11 月

表1 评价指标合格性调查表(根据上面标准填写)

目标层	准则层	要素层	指标	量纲	效态	不合格	合格	良好
协调度 A	驱动 B_1	经济协调度 C_1	乡村旅游总收入 X_1	万元	+			
			乡村旅游收入占GDP(村集体经济)的比例 X_2	%	+			
			乡村旅游人均纯收入 X_3	元	+			
			乡村旅游总收入年增长率 X_4	%	+			
			乡村旅游总人次 X_5	万人次	+			
			乡村旅游总人次年增长率 X_6	%	+			
			乡村旅游收入占新型农业经营主体经济收入比重 X_7	%	+			
			农村居民消费价格指数 X_8		−			
			农村居民人均可支配收入 X_9	元	+			
		环境协调度 C_2	植被覆盖率 X_{10}	%	+			
			农村卫生厕所普及率 X_{11}	%	+			
			乡村旅游经营点污水处理率 X_{12}	%	+			
			生活垃圾无害化处理率 X_{13}	%	+			
			乡村景观与乡村产业布局的协调率 X_{14}	%	+			
			安全饮用水覆盖率 X_{15}	%	+			
			村庄整治率 X_{16}	%	+			
			乡村旅游服务设施占公共服务设施比重(村级活动服务场地) X_{17}	%	+			
			清洁能源普及率 X_{18}	%	+			
			旧房改造率 X_{19}	%	+			
			乡村道路硬化率 X_{20}	%	+			
	状态 B_2	社会协调度 C_3	乡土民居保护及综合利用率 X_{21}	%	+			
			农民返乡创业率 X_{22}	%	+			
			农村低保覆盖率 X_{23}	%	−			
			公共服务设施投入年增长率 X_{24}	%	+			
			乡村旅游就业人数占总人数比重 X_{25}	%	+			
			农村居民人均住房面积 X_{26}	m²	+			
			新型城乡合作医疗参加率 X_{27}	%	+			
			农村每百户拥有家用汽车数 X_{28}	辆	+			
			乡村旅游从业人员参与培训率 X_{29}	%	+			
			低收入人口依托乡村旅游发展增收、致富所占比重 X_{30}	%	+			

目标层	准则层	要素层	指标	量纲	效态	不合格	合格	良好
协调度 A	状态 B_2	文化协调度 C_4	乡土文化原真性保护及开发率 X_{31}	%	+			
			农村风貌改造率 X_{32}	%	+			
			居民文化程度 X_{33}		+			
			村民对乡村文化有强烈认同感比重 X_{34}	%	+			
			新建农村文化礼堂 X_{35}		+			
			在建历史文化村落保护利用重点村 X_{36}		+			
			学前三年毛入园率 X_{37}	%	+			
			九年义务教育入学率 X_{38}	%	+			
			乡村景观与农村建筑的协调率 X_{39}	%	+			
			农土特产品开发率 X_{40}	%	+			
	响应 B_3	管理协调度 C_5	村庄规划编制及执行率 X_{41}	%	+			
			标准化生产普及率 X_{42}	%	+			
			村民自治参与度 X_{43}	%	+			
			社区居民满意度 X_{44}	%	+			
			基层村级民主参选率 X_{45}	%	+			
			乡镇集中审批和便民服务覆盖率 X_{46}	%	+			
			农村社会治安状况满意度 X_{47}	%	+			
			游客满意度 X_{48}	%	+			
			乡村智慧旅游普及度 X_{49}	%	+			

注："+"代表正向指标，"−"代表负向指标。空白表示无量纲。

索　引

后　记

　　本书是国家社会科学基金西部项目"乡村旅游与美丽乡村建设协调度评价、障碍因子诊断及协同路径研究"(批准号：17XJY013)的研究成果，写作缘起于研究团队对乡村旅游高质量发展的长期关注，始于探究乡村旅游发展与美丽乡村建设"两张皮"的破解之道。乡村振兴战略是新时代"三农"工作的总抓手，乡村旅游发展、美丽乡村建设等必须服从、服务于乡村振兴战略总体要求。基于以上认识，本书将乡村旅游与美丽乡村两个系统的协调与协同，置于实施乡村振兴战略背景和要求下，其目的是在乡村振兴战略实施的时代背景下，思考乡村旅游发展与美丽乡村建设如何协调、协同，如何合力推进特色乡村旅游目的地的产业发展，最终实现乡村现代化目标。衷心希望通过本书能够为新时代乡村旅游高质量发展提供一些思路和参考。

　　尽管本书作者都对自己撰写的内容进行了专门的调查研究和反复修改，但由于面临诸多新现象和新问题，加之时间紧、水平有限，因此，本书难免有不妥之处，敬请各位批评指正。

李晓琴

2023 年 1 月于成都理工东苑